第二言語習得研究モノグラフシリーズ 2

Monographs on Second Language Acquisition Research

白畑知彦・須田孝司 編

語彙・形態素習得への新展開

稲垣 俊史　梅田 真理
宮本エジソン正　吉田 絢奈　穂苅 友洋
田村 知子　白畑 知彦　若林 茂則　木村 崇是

くろしお出版

刊行にあたって

　本書は『第二言語習得研究モノグラフシリーズ』第2巻である。第1巻の序文にも記したが，本シリーズ出版の主目的は，第二言語習得という興味深い研究領域に関心を抱く人を一人でも多く増やすことである。特に若い同志を。第二言語を習得するとはどのような過程をたどるのか，どのような研究領域があり，そしてどのような方法を採用し研究していくのか，現在までのところ，どこまで明らかになり，どこから先が論点であるのかを共に考え，解明していきたい。

　「言語能力を調査すること」に関して，初学者のために，ここで若干説明しておく。例えば，「あの人は英語ができる人だ」とは，市井ではよく使用される言葉である。ここで，もう一歩踏み込んで，「英語ができる」とは英語の何ができることなのか考える。「英語で話せること」と返答する人がいるかもしれない。確かに英語で話すことができるならば英語能力があるに違いない。では，英語で話すためにはどんな能力を備えていなければならないか。もし4技能の中の「スピーキング能力」と答えるならば，そのような単一能力は存在しないと返答しておく。

　英語で話すことができるためには，いくつかの能力（知識）が協働してのみ可能となる。その第1下位区分として，語彙能力，文法能力，発音能力，一般認知能力，話題となっている事柄に関する背景知識などがある。この下位区分自体，大雑把な区分けに過ぎず，さらに第2下位区分，第3下位区分と続くのが一般的である。

　同様に，「前置詞は日本人には難しい」とか「Wh疑問文が使えるようになっている」というレベルで研究を終了させるのではなく，前置詞の何がどう難しいのか，Wh疑問文に関する言語知識の何がどう変化したために，Wh疑問文を正しく使えるようになったのか，さらに深く考察してこそ初めて第二言語習得研究と言えるのである。

　本シリーズなどを読んで，こんなに細かく言語項目を研究しているのかと思われる方もいるだろう。しかし，結局のところ，詳細に調べていかなければ何も分からないのである。それが遠回りのように見えても，課題解決への

最大の近道なのである。要するに，基礎研究が重要なのである。

さて，第1巻同様，本第2巻にも6本の玉稿が掲載されている。それらは主として，語彙や形態素に関連する第二言語習得を扱ったものである。以下に，各章の内容について簡潔に紹介したい。

第1章（稲垣俊史論文）では，Inagaki (2014) の研究成果をもとに，日本人英語学習者の可算・不可算名詞の使い分けについて議論している。実験では，可算名詞（book など）と物質不可算名詞（mustard など），物体不可算名詞（furniture など）に加え，可算・不可算両用名詞（string/strings など）の習得について検証している。その結果，日本人英語学習者の可算・不可算両用名詞の判断は英語母語話者と異なっており，稲垣論文ではその理由として3つの可能性を挙げている。

第2章（梅田真理論文）では，日本人英語学習者ではなく，中国語母語話者を対象とした日本語習得研究を紹介している。日本語では，従属節内の形態素が疑問文の種類を決める。例えば，「と」が使われている「次郎は［何を買ったと］言いましたか」はWH疑問文であり，「か」が使われている「次郎は［何を買ったか］言いましたか」はYes/No疑問文である。梅田論文では，この「と」と「か」に関連する素性の習得をもとに，これまで提案されている主要な第二言語習得モデルの妥当性ついて検証している。

第3章（宮本エジソン正・吉田絢奈論文）では，関係節と数の一致に関する2つの研究から，第二言語学習者の文処理過程について議論している。関係節（佐藤君を愛していた［女の子］）の文処理研究では，中国語を母語とする日本語学習者の読み時間を，数の一致（The cakes were baked. vs. *The cake were baked.）では，日本人英語学習者の文法性に関する敏感さを考察し，第二言語学習者も習熟度が高まれば，母語話者と同じような文処理を行う可能性があることを報告している。

第4章（穂苅友洋論文）では，第二言語学習者が疑問文や関係節を作り出す際に見られる前置詞脱落について検証している。前置詞脱落とは，*Which topic did the students talk at the meeting? のように，動詞の後ろに置かれた前置詞を落とす現象である。穂苅論文では，Hokari (2015) の研究をも

とに，日本人英語学習者とフランス人英語学習者の前置詞脱落に対する読み時間を比較し，文理解の過程における前置詞の格付与の影響について議論している。

　第5章（田村知子・白畑知彦論文）では，接辞（接頭辞（un- など）と接尾辞（-ness など））の習得を扱い，日本人英語学習者にとってどのような接辞が難しいのか検証している。実験では，日本の大学生を対象に接辞のついた単語の意味を選ばせ，その結果，これまでの先行研究との類似点や相違点が見いだされた。田村・白畑論文では，接頭辞と接尾辞の困難さの要因について，それぞれ母語の影響，言語特性，普遍性，インプットの量など，様々な観点から議論を行っている。

　第6章（若林茂則・木村崇是論文）では，Kimura (2014) をもとに，英語の完結性の段階的な発達について議論している。ここで扱う完結性は，*Tom ate an/this apple, but he didn't finish eating it.（トムはリンゴを1つ/このリンゴを食べたが，食べ終わらなかった）のように冠詞や限定詞と関連している。日本人英語学習者を対象とした実験の結果，熟達度により英文の容認度に差があることがわかり，完結性の解釈には冠詞や限定詞の素性の習得が影響していることを提案している。

　今回も，くろしお出版の池上達昭氏には全面的にお世話になった。心より御礼申し上げたい。

2018年　時の記念日の頃
シリーズ編者　白畑知彦・須田孝司

目　次

刊行にあたって　iii

第 1 章　日本語話者による英語の可算・不可算の区別の習得
　　　　　稲垣俊史……………………………………………………………… 1

第 2 章　第二言語習得における形態素の習得
　　　　　― WH-in-situ 疑問文の習得からの考察―
　　　　　梅田真理………………………………………………………………27

第 3 章　第 2 言語における普遍的な文理解メカニズム
　　　　　宮本エジソン正　吉田絢奈………………………………………… 61

第 4 章　前置詞脱落の誤りと格の関係
　　　　　―受動文と疑問文・関係節の比較から―
　　　　　穂苅友洋……………………………………………………………… 91

第 5 章　日本語を母語とする英語学習者の派生接辞の習得難易度順序
　　　　　田村知子　白畑知彦……………………………………………… 125

第 6 章　完結性解釈の段階的発達にみられる母語の影響と語彙の転移
　　　　　若林茂則　木村崇是……………………………………………… 163

第1章

日本語話者による英語の可算・不可算の区別の習得

稲垣俊史

1. はじめに

(1) と (2) に示すように，英語では名詞の単数・複数を義務的に示さなければならないのに対し，日本語では名詞の単数・複数の表示は義務的ではない。

(1) a. Mari bought [a book/books/*book].
　　b. Mari bought [sugar/*a sugar/*sugars].
(2) a. マリは本を買った。
　　　"Mari bought [a book/books]."
　　b. マリは砂糖を買った。
　　　"Mari bought sugar."

もちろん，日本語でも「冊」などの助数詞を使って数を明示すること（例：3冊の本）は可能である（Muromatsu, 2003 を参照）。さらに，使えるのは人間を表す名詞のみであるなど制約は多いが，「たち」（例：学生たち，*花たち）などの複数を示す接辞も存在する（Inagaki, 2014, p. 465 を参照）。しかしながら，このような数の表示は選択的で，英語における義務的な名詞の数表示とは性質が異なるものである。英語のようなタイプの言語は**可算・不可算言語**（**mass-count language**）と呼ばれ，日本語のようなタイプの言語

は**助数詞言語**（**classifier language**）と呼ばれる。

興味深いことに，日本人英語学習者にとって名詞の**可算・不可算の区別**（**mass-count distinction**）の習得は困難であることが知られている（例えば白畑, 2015, pp. 80–97 を参照）。実際，日本人英語学習者（筆者の学生）の作文にも (3) のような誤用が頻繁に見られる。

(3) a. *I have a news for you.
　　b. *He gave me many advices.
　　c. *He finally found a happiness.

この困難さは，日本人英語学習者にとっての冠詞習得，特に (4) のような不定の文脈における a と $\emptyset$ の使い分けの困難さの一因にもなっている。

(4) What did you have for lunch? I had ($\emptyset$/*a) pasta.

不定の文脈での a と $\emptyset$ の選択は後続する名詞の可算・不可算性により決まる。(4) の場合，正しく $\emptyset$ を選択するには，*pasta* が不可算名詞であることを知っておく必要がある（Thomas, 1989, p. 354 を参照）。

これまでの日本語母語話者による英語の可算・不可算の区別の習得に関する研究（Hiki, 1990; Snape, 2008; Yoon, 1993）により，可算・不可算の区別が困難であるのは特に抽象名詞（例：pleasure, information, advice）の場合であり，物体や物質を表す具体名詞（例：servant, ticket, butter, air）の場合は比較的容易であることが示されている（詳しくは Inagaki, 2014, pp. 465–467 を参照）。これらの研究から，可算・不可算の区別の困難さは名詞の意味と関わっていることが示唆されるが，この困難さをもたらす文法特性や習得メカニズムの詳細についてはまだ十分には解明されていない。

本稿では，**統語と意味のマッピング**（**syntax–semantics mappings**）の観点から，日本人英語学習者にとってなぜ名詞の可算・不可算の区別が難しいかを検証した Inagaki (2014) を紹介し，考察を加える。第 2 節は導入部で，Inagaki (2014) のもとになった英語の第一言語（L1）習得研究（Barner & Snedeker, 2005）を紹介し，英語の可算・不可算の区別における統語と意味の

マッピングを説明する。さらに，Barner & Snedeker の調査法を日本語に拡張し，日本語と英語の母語話者を比較した Inagaki & Barner (2009) を紹介し，この領域における両言語の違いを説明する。第 3 節では，日本人による第二言語 (L2) としての英語習得を調査した Inagaki (2014) を紹介する。第 4 節ではこれらの研究結果に基づき，統語と意味のマッピングの観点から可算・不可算の区別の L2 習得がなぜ難しいかを考察し，今後の課題を述べる。

2. 英語の可算・不可算の区別における統語と意味のマッピング

可算・不可算の区別は「言語と思考」の観点から議論されてきた（詳しくは Barner, Inagaki, & Li, 2009, pp. 329–332 を参照）。Quine (1960) は，L1 習得において子供は可算・不可算の区別を習得することにより，**個別性のあるもの (individual)** と**個別性のないもの (non-individual)** という概念上の区別ができるようになると主張した。そうであれば，日本語のような可算・不可算の区別を持たない言語を習得する子供は，個別性の概念を学習できないことになる。言い換えると，英語の可算・不可算の区別には (5) のような形式と意味の結びつきが存在し，言語におけるこの区別の有無がものの捉え方（思考）を決定すると，Quine は主張した。

(5) a. 可算名詞→個別性のあるもの（例：book, cup, pencil）
　　b. 不可算名詞→個別性のないもの（例：water, sugar, mustard）

これに対して，Barner & Snedeker (2005) は，不可算名詞であっても個別性のあるものとして認識される語（例：furniture）があることを実験的に示すことにより (5b) を部分的に否定するとともに，可算・不可算の区別が個別性の概念をもたらすのではないと主張した。彼らは英語を母語とする大学生と 4 歳児に対して**数量判断タスク (quantity judgment task)** を実施した。図 1 のように，参加者に 2 人の人物がそれぞれ 1 つの大きな物体（または大盛の物質），または 3 つの小さな物体（または小盛の物質）を有する場面を見せ，「どちらがより多くの〜を持っているか」(Who has more ~?) を判断させた。全質量から見れば 1 つの物体・物質の方が多く，全個体数から見れば 3

つの物体・物質の方が多い。もし量の多い方を選択すればその物体・物質を個別性のないものと捉えていることになり，数の多い方を選択すれば物体・物質を個別性のあるものと捉えていることになる。

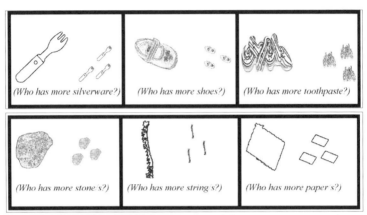

図1　数量判断の項目例（Barner & Snedeker, 2005, pp. 50, 54）

使われた名詞は（6）に示す**可算名詞（count noun）**（物体を表す可算名詞），**物質不可算名詞（substance-mass noun）**（物質を表す不可算名詞），**物体不可算（object-mass noun）**（物体を表す不可算名詞），**可算・不可算両用名詞（mass-count flexible noun）**（可算名詞としても不可算名詞としても使われる名詞）の4タイプであった。

(6) a. 可算名詞：shoes, candles, plates, cups
　　b. 物質不可算名詞：mustard, ketchup, toothpaste, peanut butter
　　c. 物体不可算名詞：furniture, jewelry, mail, clothing, silverware
　　d. 可算・不可算両用名詞：string(s), stone(s), chocolate(s), paper(s)

可算名詞は可算名詞の統語構造（**可算統語（count syntax）**）で提示され（例：more shoes），物質不可算名詞と物体不可算名詞は不可算名詞の統語構造（**不可算統語（mass syntax）**）で提示された（例：more mustard/furniture）。可算・不可算両用名詞は，参加者の半数には可算統語（例：more strings）で，残り

の半数には不可算統語（例：more string）で提示された。

　その結果，大人も子供も，可算名詞（例：shoes）と物体不可算名詞（例：furniture）に関しては数に基づく判断をし，物質不可算名詞（例：mustard）に関しては量に基づく判断をした。つまり，前者は個別性のあるものと解釈され，後者は個別性のないものと解釈された。可算・不可算両用名詞に関しては，大人も子供も，可算統語（例：more strings）で提示されているか，不可算統語（例：more string）で提示されているかによって数量判断を変化させた。つまり，可算統語の場合，個別性のあるものと認識して数に基づく判断をしたのに対し，不可算統語の場合，個別性のないものと認識して量に基づく判断をした。このことから，これらの名詞の数量判断において4歳児と大人の間に差はなく，この領域における形式と意味のマッピングは4歳までに習得されていると考えられる。

　ただし，Barner & Snedeker（2005）の結果は，(5a)（可算名詞→個別性のあるもの）は支持するが，(5b)（不可算名詞→個別性のないもの）は一部支持しない。物体不可算名詞（例：furniture）は不可算名詞でありながら，個別性のあるものと判断されたからである。このことは，可算・不可算統語と個別性の有無の関係は，Quineが主張するほど厳密なものではないことを示している。Barner & Snedeker（2005, pp. 58–60）は，*furniture* のような名詞は語彙レベルで [+ 個別性]（[+individual]）という意味素性を有しているため，不可算名詞でありながら個別性のあるものを指すとしている。この提案に基づき，本稿では，英語の可算・不可算の区別における統語と意味のマッピングを (7) であるとみなす。

(7) a.　可算名詞→個別性のあるもの（例：shoes, strings）
　　b.　不可算名詞→個別性のないもの（例：mustard, string）
　　c.　不可算名詞[+ 個別性]→個別性のあるもの（例：furniture）

(7) は不可算名詞を2種類に分けている点で (5) とは異なる。(7c) は語彙的に個別性を指定されている不可算名詞を示し，個別性があるものと解釈される。(7b) はそれ以外の（語彙的に [+ 個別性] を持たない）不可算名詞を示しており，個別性がないものと解釈される。これには可算・不可算両用名詞

の不可算用法（例：string）が含まれる。(7a) は可算名詞全般を示し，可算・不可算両用名詞の可算用法（例：strings）も含まれる。

　では，これらの名詞は義務的な可算・不可算統語を持たない日本語ではどのように解釈されるのであろうか。もし可算・不可算統語が話者に個別性の概念をもたらすのであれば（Quine, 1960），日本語のような助数詞言語の話者が持つ個別性の概念は英語のような可算・不可算言語の話者のものとは異なるはずである。つまり，日本語話者は英語話者より名詞の指示物を個別性のないものとして認識するはずである。一方，(7c) のように，個別性の認識は語彙的意味に起因しており，可算・不可算統語とは独立して起こりうるのであれば（Barner & Snedeker, 2005），日本語話者と英語話者が持つ名詞の個別性の概念に大差はないと考えられる。

　この点を確認するため，Inagaki & Barner (2009) は日本語話者と英語話者のL1での数量判断を比較した。英語話者には Barner & Snedeker (2005) で用いられた数量判断タスクが実施され（ターゲット語は (6) を参照，ただし *silverware* は含まれていなかった），日本語話者にはこのタスクの日本語版が用いられた。この日本語版で用いられた名詞は (8) の通りで，これらは，(6) に示した4タイプの英語名詞に対応するものである[1]。日本語における指示は「どちらの人がより多くの靴（からし，家具，ひも）を持っているでしょう」のように，可算・不可算統語なしに与えられた。

(8) a. 可算名詞：靴 "shoes", ろうそく "candles", 皿 "plates", カップ "cups"
    b. 物質不可算名詞：からし "mustard", ケチャップ "ketchup", 歯磨き粉 "toothpaste", ピーナッツバター "peanut butter"
    c. 物体不可算名詞：家具 "furniture", 宝石類 "jewelry", 郵便物 "mail", 衣類 "clothing"

1　Inagaki & Barner (2009) は，言語間で可算・不可算が異なる名詞（ほうれん草 "spinach", 髪 "hair", パスタ "pasta", トースト "toast"）も調査した。これらの名詞は，英語では不可算名詞（例：more spinach）であるが，フランス語では可算名詞（例：le plus d'épinards "more spinaches"）である。これらの名詞を英語話者には不可算統語で，フランス語話者には可算統語で，日本語話者には可算・不可算統語なしで与えたところ，英語話者の判断は量に基づき，フランス語話者の判断は数に基づき，日本語話者の判断は数に基づいていた（詳しくは，Inagaki & Barner, 2009, pp. 118–119 を参照）。

d. 可算・不可算両用名詞：ひも "string(s)"，石 "stone(s)"，チョコレート "chocolate(s)"，紙 "paper(s)"

その結果，日本語話者も英語話者と同様に，可算名詞（例：靴 "shoe"）と不可算物体名詞（例：家具 "furniture"）に関しては数に基づく判断を示し，物質不可算名詞（例：からし "mustard"）に関しては量に基づく判断を示した。ところが，可算・不可算両用名詞（例：ひも "string(s)"）に関しては，英語話者の数量判断が可算・不可算統語により数に基づくものと量に基づくものに二分されたのに対し，日本語話者の判断は，およそ 50% が数に基づくもの（残りの 50% が量に基づくもの）であり，英語の可算統語と不可算統語の判断の中間であった。これらの結果から，個別性の概念は言語における義務的可算・不可算の有無に関わらず存在するが，個別性があるともないとも解釈できる語（例：ひも "string(s)"）に関しては，可算・不可算統語がどちらかの意味（個別性あり・個別性なし）を選ぶ働きをすると Inagaki & Barner は結論づけた（Barner, Inagaki, & Li, 2009 も参照）。つまり，個別性の有無に関して 1 つの解釈しか許さない名詞（可算名詞，物体不可算名詞，物質不可算名詞）においては両言語における可算・不可算統語の有無の影響は現れないが，個別性の有無に関して 2 つの解釈が可能な名詞（可算・不可算両用名詞）においては，英語では，可算・不可算統語によりどちらか一方の解釈に収束するのに対し，日本語では，可算・不可算統語がないため，2 つの解釈の間に揺れが見られるということである。

3. 英語の可算・不可算の区別の L2 英語：Inagaki（2014）

英語には (7) に示した可算・不可算の区別における統語と意味のマッピングが存在するが，日本語には義務的可算・不可算統語の欠如により，そのようなマッピングは存在せず，名詞の個別性判断は語彙的意味にゆだねられる。具体的には，Inagaki & Barner（2009）が示したように，日本語名詞の個別性は (9) のように解釈される。

(9) 日本語における名詞の個別性の解釈
   a. 英語の可算名詞（例：shoes）と物体不可算名詞（例：furniture）に対応する，個別性ありの解釈のみ可能な名詞（例：靴，家具）は個別性ありと解釈される。
   b. 英語の物質不可算名詞（例：mustard）に対応する，個別性なしの解釈のみ可能な名詞（例：からし）は個別性なしと解釈される。
   c. 英語の可算・不可算両用名詞（例：string(s)）に対応する，個別性あり，個別性なしの両方の解釈が可能な名詞（例：ひも）は，個別性ありとも個別性なしとも解釈され，両解釈間に揺れが見られる。

(7) と (9) に見られる英語と日本語の違い，ならびに，日本人英語学習者が経験する可算・不可算の区別の困難さには名詞の意味が関わっているという先行研究の知見に基づき，Inagaki (2014) は日本語話者による英語名詞の数量判断に関して以下の予測を立てた。

(10) a. ＜予測1＞
   可算名詞（例：shoes）と物体不可算名詞（例：furniture）に関して，日本人英語学習者は，英語話者と同様に，個別性のあるものと認識し，数に基づく判断を示す。
   b. ＜予測2＞
   物質不可算名詞（例：mustard）に関して，日本人英語学習者は，英語話者と同様に，個別性のないものと認識し，量に基づく判断を示す。
   c. ＜予測3＞
   可算・不可算両用名詞（例：string(s)）に関して，日本人英語学習者は，英語話者と異なり，可算・不可算統語により個別性の有無の認識を変えることができず，どちらの条件においても数に基づく判断と量に基づく判断の間に揺れを示す。

つまり，日本人英語学習者の判断は，対応する日本語名詞の判断 (Inagaki & Barner, 2009) に類似するであろうと Inagaki (2014) は予測を立て，さらに，これらの予測を検証する2つの実験を行なった。

3.1 実験1

日本人英語学習者が，可算名詞（例：shoes），物質不可算名詞（例：mustard），物体不可算名詞（例：furniture）をどのように解釈するかを調査し，その結果を Inagaki & Barner（2009）の英語話者と日本語話者の L1 データと比較した。

3.1.1 研究方法

参加者は，日本の大学で英語を履修している日本人 20 名であった。半分は大阪府立大学で理学療法を専攻しており，残りの半分は大阪外国語大学（現：大阪大学外国語学部）で英語以外の外国語を専攻していた。年齢は 18 歳から 22 歳（mean 19.40, SD = 0.88）であった。ほとんどの参加者が 12 歳前後（mean 11.10, SD = 2.94）に日本の中学校か塾で英語を習い始めており，英語圏滞在経験は 5 週間以内（平均 1.04 週間）であった。これらを総合的に考慮して，本参加者は中級レベルの英語学習者と言えよう。対照群は，Inagaki & Barner（2009）に参加した英語母語話者と日本語母語話者であり，それぞれハーバード大学の学生 20 名，大阪府立大学の学生 22 名であった。

Inagaki & Barner（2009）で英語母語話者に対して用いた数量判断タスクを日本人英語学習者に実施した。対照群の日本語母語話者にはこの数量判断タスクの日本語版を実施した。使われた英語と日本語の名詞とそのタイプは (8a–c) に示す通りである。英語では可算名詞は可算統語（例：more shoes）で，物質不可算名詞と物体不可算名詞は不可算統語（例：more mustard/furniture）で提示された。日本語ではすべてのタイプの名詞が可算・不可算統語なしに与えられた（例：より多くの靴 ［からし，家具］）。可算名詞，物質不可算名詞，物体不可算名詞それぞれの両言語における項目例を図 2 から図 4 に示す。参加者は 2 人の人物（Farmer Brown ／ブラウン農場主と Captain Blue ／ブルー船長）がそれぞれ 2 つの大きな物体（または大盛の物質），または 6 つの小さな物体（または小盛の物質）を持つ場面を見て，どちらがより多く持っているかを判断した。

Farmer Brown and Captain Blue have some shoes.
Who has more shoes?
ブラウン農場主とブルー船長は靴を持っています。
どちらの人がより多くの靴を持っているでしょう？

図2　英語と日本語における可算名詞の項目例

Farmer Brown and Captain Blue have some mustard.
Who has more mustard?
ブラウン農場主とブルー船長はからしを持っています。
どちらの人がより多くのからしを持っているでしょう？

図3　英語と日本語における物質不可算名詞の項目例

3. 英語の可算・不可算の区別のL2英語：Inagaki (2014) | 11

Farmer Brown and Captain Blue have some furniture.
Who has more furniture?
ブラウン農場主とブルー船長は家具を持っています。
どちらの人がより多くの家具を持っているでしょう？

図4　英語と日本語における物体不可算名詞の項目例

3.1.2　結果

　日本人英語学習者が各名詞タイプに対して数に基づく判断（数が多い方を「より多い」とする判断）をした割合を，Inagaki & Barner (2009) の英語母語話者と日本語母語話者の結果とともに示したのが表1であり，これをグラフ化したものが図5である。

　全般的に，日本人英語学習者は，英語母語話者，日本語母語話者と同様に，可算名詞（例：shoes）と不可算物体名詞（例：furniture）に関しては数に基づく判断を，物質不可算名詞（例：mustard）に関しては量に基づく判断をしたことがわかる。グループ（L1英語，L1日本語，L2英語）と名詞タイプ（可算，物質不可算，物体不可算）を独立変数とする繰り返しのある2要因の分散分析を行なったところ，名詞タイプの主効果は有意であった（$F(2, 118) = 595.19, p<.0001$）が，グループの主効果は有意ではなかった（$F(2, 59) = 1.65, p>.20$）。多重比較の結果，可算名詞と物体不可算名詞は互いに差はなく（$F(1, 61) = 1.27, p>.25$），両方とも物質不可算名詞と有意に異なっていた（$F(1, 61) = 925.85, p<.0001; F(1, 61) = 858.45, p<.0001$）。これらの結果は，グループに関わらず，可算名詞と物体可算名詞の判断は数に基づいて

いたのに対し，物質不可算名詞の判断は量に基づいていたことを示す。

表1　L1英語，L1日本語，L2英語における可算名詞，物質不可算名詞，物体不可算名詞に対する数に基づく判断のパーセント平均（カッコ内は標準偏差）

グループ	名詞タイプ		
	可算	物質不可算	物体不可算
L1英語 (n=20)	97.50 (11.18)	0.00 (0.00)	93.75 (13.75)
L1日本語 (n=22)	92.05 (16.16)	2.27 (7.36)	89.77 (14.76)
L2英語 (n=20)	93.06 (15.97)	17.50 (33.54)	88.89 (17.01)

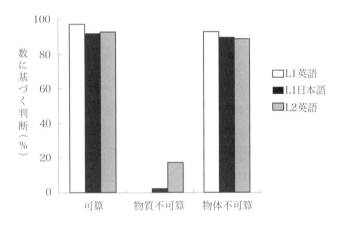

図5　L1英語，L1日本語，L2英語における可算名詞，物質不可算名詞，物体不可算名詞の判断

　名詞タイプとグループ間の交互作用も有意であった（$F(4, 118) = 3.06$, $p<.05$）。これは，物質不可算名詞に関して，L2学習者（17.5%）の数に基づく判断が，英語話者（0%）や日本語話者（2.27%）に比べて多かったことに起因する。しかしながら，これは，名詞タイプに関わらず全項目に対して数に基づく回答をした2名のL2学習者により引き起こされたと考えられる。実際，この2名を除くと割合は8.33%（SD=19.17）に減少し，交互作用も有意でなくなった（$F(4, 114) = 1.40$, $p>.20$）。

まとめると，可算名詞，物質不可算名詞，物体不可算名詞の数量判断において，日本人英語学習者と英語母語話者の間に差はなく，これらの名詞の指示物に対する個別性の認識も同様であることが示された。この結果は予測1と予測2を支持するものである。

3.2　実験2

日本人英語学習者が，可算・不可算両用名詞（例：string(s)）の可算用法，不可算用法をどのように解釈するかを調査し，その結果を Inagaki & Barner (2009) の英語話者と日本語話者の L1 データと比較した。

3.2.1　研究方法

参加者は，日本の大学で英語を履修している日本人大学生39名であった。そのうち20名は大阪府立大学で人間科学を専攻しており，残りの19名は大阪外国語大学で英語以外の外国語を専攻していた。年齢は18歳から47歳（mean 20.44, SD = 4.50）であった。ほとんどの参加者が12歳前後（mean 11.72, SD = 2.04）に日本の中学校か塾で英語を習い始めており，英語圏滞在経験は30週間以内（平均2.34週間）であった。これらを総合的に考慮して，本参加者は中級レベルの英語学習者と言えよう。対照群は，Inagaki & Barner (2009) に参加した英語母語話者（ハーバード大学の学生20名）と日本語母語話者（大阪府立大学の学生20名，大阪外国語大学の学生2名）であった。

Inagaki & Barner (2009) で英語母語話者に対して用いた数量判断タスクを日本人英語学習者に実施した。対照群の日本語母語話者にはその日本語版を実施した。使われた英語と日本語の名詞とそのタイプは (8d) に示す通りである。これらの名詞が19人の日本人英語学習者（大阪府立大生10名，大阪外国語大生9名）には可算統語（例：more strings）で，残りの20人（各大学の学生10名ずつ）には不可算統語（例：more string）で与えられた。この可算統語グループと不可算統語グループへの割り当ては，各グループ内で両大学の学生の割合がなるべく均等になるよう設定したうえで，無作為に行った。日本語ではすべて可算・不可算統語なしに与えられた（例：より多くのひも）。英語と日本語における不可算用法と可算用法の項目例を図6と図7

にそれぞれ示す。参加者は2人の人物（Farmer Brown／ブラウン農場主とCaptain Blue／ブルー船長）がそれぞれ2つの大きな物または6つの小さな物を持つ場面を見て、どちらがより多く持っているかを判断した。

図6　英語と日本語における可算・不可算両用名詞の不可算用法の項目例

図7　英語と日本語における可算・不可算両用名詞の可算用法の項目例

3.2.2 結果

　日本人英語学習者が可算・不可算両用名詞の各用法に対して数に基づく判断をした割合を，Inagaki & Barner (2009) の英語母語話者と日本語母語話者の結果とともに示したのが表 2 であり，これをグラフ化したものが図 8 である。

　全般的に，日本語話者の判断は L1 においても L2 においても英語母語話者の不可算用法（例：more string）の判断と可算用法（例：more strings）の判断の中間にあることがわかる。グループ（L1 英語不可算，L1 英語可算，L1 日本語，L2 英語不可算，L2 英語可算）を独立変数とする 1 要因の分散分析を行なったところ，グループの有意な効果があった（$F(4, 76) = 15.50$, $p<.0001$）。シェフェの検定の結果（表 3），日本語話者の 3 グループ（L1 日本語，L2 英語不可算，L2 英語可算）間に有意差がなかったのに対し，L1 英語不可算と L2 英語不可算の間を除いて，L1 英語（L1 英語不可算または L1 可算）を含むあらゆる組み合わせの間に有意な差があった。このことは，日本人英語学習者は，英語母語話者ほど可算・不可算統語に応じて明確に数量判断を変えられなかったことを示す。実際，L2 英語可算の判断はほぼ偶然のレベル（52.63%）で，L1 日本語の判断（47.73%）と似通っていた。ただし，L2 英語不可算と L1 英語不可算の間に有意差がなかったことは，日本人英語学習者が不可算統語へ敏感になりつつあることの現れである可能性もある[2]。

　まとめると，日本人英語学習者は，英語母語話者と異なり，可算・不可算両用名詞が可算統語で使われているか，不可算統語で使われているかによって数量判断を変えることができず，日本語話者の L1 判断と類似した「どっちつかず」の判断を示した。この結果は予測 3 を支持するものである。

---

[2] しかしながら，Inagaki (2014) の別の実験では，日本人英語学習者の不可算統語への敏感さは見られなかった。Inagaki (2014) は，Inagaki & Barner (2009) と同様，言語間で可算・不可算が異なる名詞（spinach, hair, pasta, toast）も調査した（注 1 参照）。これらの名詞は不可算統語で提示されたが（例：Who has more spinach?），日本人学習者の判断は数に基づくもので，英語話者の量に基づく判断と対照的であった。この点を考慮すると，日本人英語学習者の不可算統語への敏感さに対する証拠は不十分であると言わざるを得ない（詳しくは，Inagaki, 2014, pp. 472–474 を参照）。

表2 L1英語，L1日本語，L2英語における可算・不可算両用名詞に対する数に基づく判断のパーセント平均（カッコ内は標準偏差）

グループ	数に基づく判断
L1 英語不可算 (n=10)	12.50 (31.73)
L1 英語可算 (n=10)	100.00 (0.00)
L1 日本語 (n=22)	47.73 (27.72)
L2 英語不可算 (n=20)	28.75 (30.65)
L2 英語可算 (n=19)	52.63 (28.74)

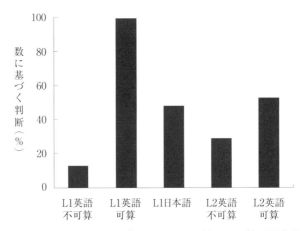

図8 L1英語，L1日本語，L2英語における可算・不可算両用名詞の判断

表3 シェフェの検定の結果

Group	1	2	3	4	5
1. L1 英語不可算	—	**	*	n.s.	*
2. L1 英語可算		—	**	**	**
3. L1 日本語			—	n.s.	n.s.
4. L2 英語不可算				—	n.s.
5. L2 英語可算					—

* $p<.05$, ** $p<.01$

3.3 考察

日本人英語学習者は，英語母語話者と同様に，可算名詞（例：shoes）と物体不可算名詞（例：furniture）に関しては数に基づく判断を示し，物質不可算名詞（例：mustard）に関しては量に基づく判断を示した。学習者の判断は日本語話者のL1における判断に類似しており（L2英語＝L1英語＝L1日本語），日本人英語学習者はL1の転移によりこれらの名詞の個別性の有無を正しく認識できると考えられる。

一方，可算・不可算両用名詞（例：string(s)）に関しては，日本人英語学習者は，可算・不可算統語に応じて数量判断を変えられず，いずれの場合も，彼らの判断は，英語話者による可算用法と不可算用法の判断の中間であった。そして，学習者の判断は，日本語話者のL1における判断に類似していた（L2英語＝L1日本語 ≠ L1英語）。学習者の数量判断は，名詞の個別性判断が語彙的意味のみに基づき行われる日本語の影響を受けているものと考えられる。

これらの結果から，日本人英語学習者にとっての難しさは，可算・不可算両用名詞における統語と意味のマッピング（可算名詞→個別性のあるもの，不可算名詞→個別性のないもの）にあると言えよう。つまり，可算・不可算両用名詞は概念上個別性があるともないとも解釈でき，英語では，可算・不可算統語によって一方の解釈が選ばれる。よって，日本人英語学習者がこれらの名詞の可算性を習得するには，各語がどの構造で使われているか（more strings/string）に気づき，その形式を意味（個別性の有無）に結びつける必要がある。ところが，日本人英語学習者は可算・不可算に関する統語情報を利用できておらず，このことが可算・不可算の区別の習得を困難にしていると考えられる[3]。

4. 総合考察

本稿では，統語と意味のマッピングの観点から日本人英語学習者にとってなぜ名詞の可算・不可算の習得が難しいかを調査したInagaki（2014）を紹介

---

[3] この提案のさらなる詳細はInagaki（2014, pp. 474–465）を参照されたい。

した。先行研究では，特に抽象名詞（例：information）の可算・不可算の区別が難しいことから，困難さの原因は名詞の意味と関わっていることが示唆されていた。Inagaki (2014) の新たな貢献は，語彙的意味において個別性あり／なしの両方の解釈が可能な名詞（例：string(s)）の可算・不可算の区別が難しく，それは，このタイプの名詞の可算・不可算の習得には，統語構造と意味（個別性の有無）を結びつける必要があるためであるとした点である。

　第2節で示したように，L1では4歳までにこのマッピングが習得されている (Barner & Snedeker, 2005)。一方，日本人大学生は少なくとも中学校，高校で6年間の英語教育を受けていたにも関わらず習得できていなかった。この原因を単に母語の影響，つまり，日本語は義務的な可算・不可算統語を持たず，個別性の有無は語彙的意味によって決まる (Inagaki & Barner, 2009) ため，とするだけでは不十分である。なぜならば，(a) すべてのタイプの名詞の可算・不可算が難しいのではなく，また，(b) L1とL2が異なっているからといって常に負の転移が起こり習得が困難になるとは限らないからである[4]。さらに，そもそも (c) 日本人英語学習者にとっての可算・不可算の区別の困難さが，真にL1転移によるものなのかも明らかにされていない（学習者の母語に関わらず普遍的に難しい可能性もある）。統語と意味のマッピングの観点から，日本人英語学習者にとってなぜ可算・不可算両用名詞の習得がとりわけ難しいかを説明した Inagaki (2014) は，(a) の問題に光をあてるものである。しかしながら，困難さの所在であるとされる統語と意味のマッピング自体がなぜ難しいのかには答えていないため，(b) に関しては説明できない。また，学習者グループとしては日本人英語学習者のみを対象としているため，(c) に関しても確認することができない。以下，これらの課題の克服に向け，日本人英語学習者にとって統語と意味のマッピングがなぜ難しいかを考察し，今後の課題を述べる[5]。

　まず，Inagaki (2014) の提案を再度 (11) にまとめる。

4　例えば，日本語がSOV語順だからといって，日本人にとって英語のSVO語順の習得が難しく，"I you love" のような誤用が頻繁に起こるということはない（第二言語習得における転移可能性については，例えば白井, 2008, pp. 2–27 を参照）。
5　ここでの議論は Inagaki (2014, p. 476)，稲垣 (2017, pp. 17–19) に基づき，加筆，修正を加えたものである。

(11) Inagaki（2014）の提案
英語では，可算・不可算両用名詞の解釈は可算・不可算統語によって決まる。よって，日本人英語学習者がこれらの名詞の可算性を習得するには，特定の名詞がどのような統語構造で使われているか（more strings/string）に気づき，その形式を意味（個別性あり／なし）に結びつける必要がある。しかし，日本人英語学習者は可算・不可算に関する統語情報を利用できておらず，このことが可算・不可算の区別の習得を困難にしている。

では，この統語と意味のマッピングの困難さはどこからくるのであろうか。以下の3つの可能性が考えられる。

(12) 可算・不可算統語への困難さの原因
    a. 生得的知識・能力の衰え
    b. L1転移
    c. インプット量の不足

（12a）は，L1では4歳までには習得されているのに対し，L2では6年以上英語教育を受けても習得できていないのだから，統語と意味のマッピングに必要な生得的知識・能力が，L2習得においては衰えているという可能性である。しかし，Inagaki（2014）は中級レベルの学習者のみを対象としていたため，習熟度が上がれば習得できる可能性を排除できない。今後より習熟度の高い日本人学習者からデータを収集する必要があろう。レベルが上がれば習得できることが分かれば，（12a）は考えにくくなる。

（12b）は，困難さをL1からの負の転移とする立場である。L2習得にも統語と意味のマッピングに必要な生得的知識・能力は存在するが，インプットの処理がL1を通して行われるため可算・不可算統語が処理されず，結果として持っている知識・能力が使われない可能性である。例えば，インプット中に"more strings"が存在していても，L1がフィルターとなり複数-sが処理されず，日本語と同様に語彙的意味によって解釈が行われれば，マッピン

グのプロセスは始動しない。せっかくの生得的知識・能力も活用できない。しかしながら，Inagaki (2014) は日本人学習者のみを対象としていたため，L1 転移を確認できない。これには，日本人英語学習者だけでなく可算・不可算言語（例：フランス語）を L1 とする習熟度が同等の英語学習者も調査し，この領域における後者の優位性を示す必要がある。

（12c）は，困難さはインプット量の不足によるものであるとする立場である。大部分の日本人英語学習者が習得に十分なインプットに触れていないとすれば (Inagaki, 2005)，習得の失敗はこの可能性で説明できる場合がほとんどであるかもしれない。習得に必要なインプットデータに十分触れていないのであれば，習得できないのも当然であろう。しかし，Inagaki (2014) は中級レベルの日本人英語学習者のみを対象としていたため，習熟度の上昇にともない，この領域の習得困難さは克服されるのか，あるいは上級レベルまで持続するのか，不明である。今後この点を確認する必要がある。さらに，何らかの形（例えば，明示的指導）で可算・不可算統語（複数 -s の有無など）と意味（個別性の有無）のマッピングに対する卓越性を高めたインプットを学習者に与えて，その効果を見ることも必要である[6]。英語に触れる量が増え，全般的習熟度が上がっても，学習者が可算・不可算統語に注意を払っているとは限らないからである。

最後に，第 1 節で触れたように先行研究では，抽象名詞（例：advice, information, suggestion, thought）の可算性の習得がとりわけ難しいことがわかっている。これらの名詞も，可算・不可算両用名詞（例：string）と同様に，語彙的意味において個別性があるともないとも解釈でき，可算・不可算の習得には統語と意味のマッピングが不可欠であることが考えられる。その証拠として，thought には可算用法（I just had a thought）も不可算用法（I gave it a lot of thought）も存在すること，advice は英語では不可算名詞（more advice）であるが，フランス語では可算名詞（plus de conseils "more advices"）であることなどが挙げられる。Inagaki (2014) は具体名詞のみを対象にしていたが，今後抽象名詞も含めて研究を進める必要がある。

---

6 視点は異なるが，「普通名詞」（例：dog）と「物質名詞」（例：water）の可算・不可算に関する明示的指導の効果を検証した白畑 (2015, pp. 80–97) は参考になる。

このように，名詞の可算・不可算の L2 習得は比較的新しい分野で，まだ研究の余地が十分残されていると言えよう。その魅力は，上の議論でも明らかなように，L2 習得の様々な重要課題に関わっており，いわば L2 習得の縮図とも言える点である。今後の研究により，日本人英語学習者による可算・不可算の区別の習得メカニズムがさらに解明され，その成果がこの領域の L2 習得のみならず，L2 習得全般に重要な示唆を与えることが期待できる。

本稿は，Inagaki（2014），稲垣（2017）をもとに，加筆，修正したものである。

参考文献

Barner, D., Inagaki, S., & Li, P. (2009). Language, thought, real nouns. *Cognition*, *111*, 329–344.

Barner, D., & Snedeker, J. (2005). Quantity judgments and individuation: Evidence that mass nouns count. *Cognition*, *97*, 41–66.

Hiki, M. (1990). The judgment of noun countability by Japanese college students: Where is the difficulty? *JACET Bulletin*, *21*, 19–38.

Inagaki, S. (2005). How long does it take for Japanese speakers to learn English? *The Language Center journal*, *4*, 19–29. Osaka Prefecture University.

Inagaki, S. (2014). Syntax-semantics mappings as a source of difficulty in Japanese speakers' acquisition of the mass-count distinction in English. *Bilingualism: Language and Cognition*, *17*, 464–477.

稲垣俊史．(2017).「L1 習得と L2 習得の類似点と相違点：可算・不可算の区別に焦点を当てて」．『ことばの科学研究 18』, 8–19.

Inagaki, S., & Barner, D. (2009). Countability in absence of count syntax: Evidence from Japanese quantity judgments. In S. Inagaki, M. Hirakawa, Y. Hirakawa, H. Sirai, S. Arita, H. Morikawa, M. Nakayama, & J. Tsubakita (Eds.), *Studies in language sciences 8: Papers from the 8th annual conference of the Japanese Society for Language Sciences* (pp. 111–125). Tokyo: Kurosio Publishers.

Muromatsu, K. (2003). Classifiers and the count/mass distinction. In Y.-h. A. Li & A. Simpson (Eds.), *Functional structure(s), form and interpretation: Perspectives from East Asian languages* (pp. 65–96). London: Routledge Curzon.

Quine, W. V. O. (1960). *Word and object*. Cambridge, MA: MIT Press.

白畑知彦．(2015).『英語指導における効果的な誤り訂正：第二言語習得研究の見地から』．東京：大修館書店．

白井恭弘．(2008).『外国語学習の科学：第二言語習得論とは何か』．東京：岩波書店．

Snape, N. (2008). Resetting the Nominal Mapping Parameter in L2 English: Definite article use and the count-mass distinction. *Bilingualism: Language and Cognition*, *11*, 63–79.

Thomas, M. (1989). The acquisition of English articles by first- and second-language learners. *Applied Psycholinguistics*, *10*, 335–355.

Yoon, K. Y. (1993). Challenging prototype descriptions: Perception of noun countability and indefinite vs. zero article use. *International Review of Applied Linguistics*, *31*, 269–289.

第2章

第二言語習得における形態素の習得
—WH-in-situ 疑問文の習得からの考察—

梅田真理

1. はじめに

　第二言語（L2）学習者による形態素の習得は，L2 習得研究の初期段階からこれまで大きな関心を集めてきた[1]。これまでの研究によると，複数形 /-s/, 過去形 /-ed/, そして冠詞などの文法的な意味を持つ機能形態素（functional morphemes）の産出において，上級レベルの学習者であっても，母語話者と同様の一貫性と正確さをもって産出するのが難しいことが指摘されている（Franceschina, 2005; Lardiere, 1998a, b; McCarthy, 2008, など）。多くの研究が形態素の産出に注目をしてきたが，近年では形態素の理解や言語処理の領域で，L2 学習者の形態素の習得を検証する研究も行われている（Franceschina, 2002; Grüter, Lew-Williams, & Fernald, 2012; Hopp, 2013; McCarthy, 2008; White, Valenzuela, Kozlowska-Macgregor, & Leung, 2004, など）。

　本稿では，中国語話者による日本語の WH-in-situ 疑問文（WH-in-situ questions）に用いられる形態素の習得を検証する。日本語と中国語はどちらも言語分類上は，WH-in-situ 言語と呼ばれる。そして，WH 疑問詞が節頭の位置へ移動する英語やドイツ語などの言語とは異なり，WH 疑問詞が元位置に残る言語として区分されている。

---

[1] 本稿では，「L2」という表現を母語以外の言語の習得に対して使用する。また，「学習者」という表現は，母語以外の言語を学習，或いは使用する人を指すこととする。

(1) a. What did Taro buy?
　　b. 太郎は何を買いましたか。
　　c. Taro mai　le　　shenma　ne.
　　　 Taro buy　Asp　what　　Q
　　　 太郎は何を買いましたか。

　英語の文（1a）では，WH 疑問詞「what」が節頭へ移動しているが，日本語の WH 疑問文（1b）と中国語の WH 疑問文（1c）では，WH 疑問詞は節頭に移動しない。
　日本語も中国語も WH-in-situ 言語に分類されているが，両者の WH-in-situ 疑問文にはいくつかの違いが指摘されている。日本語では，(2a) にあるように WH 要素と助詞「か」が結びつくことにより WH 疑問文が作られるが，(2b) に示すように助詞「か」は WH 疑問文だけでなく，Yes/No 疑問文にも用いられる。

(2) a. 太郎は何を買いましたか。（WH 疑問文）
　　b. 太郎は本を買いましたか。（Yes/No 疑問文）

一方，中国語では WH 疑問文に用いられる助詞「ne」と Yes/No 疑問文に用いられる助詞「ma」の二つに分かれている。

(3) a. Taro mai　le　　shenma　ne?（WH 疑問文）
　　　 Taro bought　Asp　what　　Qwh
　　　 太郎は何を買いましたか。
　　b. Taro mai　le　　shu　ma?（Yes/No 疑問文）
　　　 Taro bought　Asp　book　Qyn
　　　 太郎は本を買いましたか。

　また，従属節の補文標識の場合も，日本語では「か」が用いられるが，中国語では，補文標識として顕在的な助詞は使用されず，ゼロ形態素が用いられ

る[2]。日本語の例 (4a) では，従属節に助詞「か」が使用されているが，(4b) では使用されていない。「か」が使用されていない (4b) は非文となる。中国語の例においては，反対に助詞「ne」が使用されている (5b) が非文となり，「ne」が使用されていない (5a) が文法的な文となる。

(4) a.　太郎は私に [誰が本を買った か] 尋ねました。
　　 b. *太郎は私に [誰が本を買った] 尋ねました。
(5) a.　Taro　wen　wo　[shei　mail-le　shu].
　　　　Taro　asked　me　who　buy-Asp　book
　　　　太郎は私に誰が本を買ったか尋ねました。
　　 b. *Taro　wen　wo　[shei　mail-le　shu　ne].
　　　　Taro　asked　me　who　buy-Asp　book

本稿では，上記の日本語と中国語の違いに焦点を当て，中国語を母語とする日本語学習者による WH-in-situ 疑問文に使用される形態素「か」の習得について考察する[3]。L2 学習者にとって習得が難しいとされる機能形態素であるが，本研究では，疑問文に使用される形態素の L2 習得に関して検証する。

2.　形態素の習得に関連する L2 習得モデル

　前述の通り，これまでの研究によると，機能形態素の習得は L2 学習者にとって難しく，上級レベルの学習者でも形態素の産出において変異性 (variability) が残ると報告されている。これらの研究において明らかにしようとしているのは，形態素の変異性が，学習者の言語知識の欠陥，つまり母語話者とは異なる言語知識を持つことが原因となり生じるのか，それとも言

2　補文標識とは，従属節などの補部をマークするのに使用される機能形態素を指す。例えば，(i) の文では，補部に「次郎が本を買ったと」という節が使用されているが，その節に補文標識の「と」が用いられている。
　(i) 太郎は [次郎が本を買った と] 言った。
日本語の補文標識には，「か」や「と」の他に，「の」や「こと」などがある（益岡・田窪，1992）。
3　本稿で報告される調査内容は，Umeda (2008) の調査の一部を再分析したものである。

語知識以外の運用に関する要因や言語処理に関する要因によって起こるのか，という点である。変異性が言語知識の欠陥によって起こるとする仮説の代表的なものに，Failed Functional Feature Hypothesis（FFFH）(e.g. Hawkins and Hattori, 2006; Tsimpli and Dimitrakopoulou, 2007) が挙げられる。FFFH は，中間言語（interlanguage）知識は人間が生まれながらに持つ言語機能である「普遍文法（Universal Grammar, UG）」によって制約を受けているが，臨界期（the critical period）を過ぎた学習者は文法的素性である形式素性（formal features）のうち，母語で使用されていない解釈不可能素性（uninterpretable features）は，習得ができなくなると主張している[4]。L2 学習者が目標言語を習得する際，L1 にない解釈不可能素性を習得する必要がある場合，学習者はその素性が習得できず，その素性が付与された形態素において変異性が残るとされている。例えば，動詞と主語の一致（subject-verb agreement）を表す素性（英語の三人称単数の /-s/ など）は文章の解釈には必要のない解釈不可能素性である（Chomsky, 1998）。FFFH によると，こういった素性は臨界期以降では学習者は習得することができなくなると予測している。

　FFFH と同じように変異性の原因は学習者の言語知識に起因すると主張するもう一つの仮説に Feature Reassembly Hypothesis (FRA) (Lardiere, 2005, 2008, 2009) がある[5]。FRA によれば，学習者の文法は UG の制約を受けており，L1 から L2 へ再構築に必要なインプットさえあれば母語にない解釈可能素性と解釈不可能素性のどちらも習得は可能である。しかし，機能形態素と結びついた素性の組み合わせが，母語と L2 で異なる場合，学習者は素性の組み合わせの変更に困難を生じると主張する。例えば，Li（1999）による

---

[4] 生成文法理論の枠組みである「ミニマリスト・プログラム」では，形式素性とは，意味素性や音韻素性とともに，語彙項目を形成する素性を指す（Chomsky, 1998）。形式素性は形態・統語的な素性で，単数・複数などの数の素性や時制の素性など，機能範疇（CP, IP, DP，など）に関わる素性を示す。また，形式素性は解釈に必要な素性を「解釈可能素性」，解釈に必要のない素性を「解釈不可能素性」としてさらに分割される。詳しくは Chomsky（1998）や中村・金子・菊地（2001）を参照のこと。

[5] FRA と類似した仮説に，Morphological Underspecification Hypothesis (MUH) (McCarthy, 2008) が挙げられる。MUH は L2 学習者に観察される形態素の変異性の原因の一つは，形態素に付与される素性の指定が不完全であるためだと主張している。しかし，本稿の調査対象である WH-in-situ に関連する素性に対しては，MUH によって導き出せる予測がないため，この仮説は本稿では検討しない。

と，中国語の複数形において，複数形形態素「-men」は［＋plural］という素性だけでなく，［＋animate］や［＋definite］という素性とも結びついている。従って，例えば中国語の名詞「haizi」(子供) は生物であるため，「-men」と結びつけ「haizi-men」(child-PL) とすることは可能である。しかし，「haizi-men」は限定された子供を指す限定詞句となるため，複数であっても非限定の場合は，「-men」は使用できないのである。英語にも複数形形態素が存在し，英語の複数形 /-s/ は［＋plural］の素性を持つが，［＋animate］や［＋definite］の素性とは結びついてはいない。そのため，無生物 /desk/ に /-s/ を使用することも，非限定的な対象を「desks」とすることも可能である。従って，中国語を学習する英語話者は「-men」を習得する際，英語の複数形 /-s/ の素性［＋plural］に加え，［＋animate］や［＋definite］の素性を付加する必要がある。FRA は，このように素性の組み合わせが母語と L2 において異なる場合，L2 学習者は素性の組み合わせを変えることが困難となり，変異性が生じると予測する。

　一方で，形態素の変異性は，学習者の知識と母語話者の知識に違いがあるため生じるのではなく，運用上の問題により起こると主張するのが Missing Surface Inflection Hypothesis (MSIH) (Haznedar and Schwartz, 1997; Prévost and White, 2000) である。MSIH は，学習者は新たな L2 の素性を習得することはできるが，自然産出の際，素性をレキシコンから呼び出し，語に付加するという言語処理の工程で失敗することがあると主張する。その失敗が変異性として現れるのである。

　最後に，形態素の習得に関連ある仮説として Full Transfer/Full Access Hypothesis (FT/FA) (Schwartz & Spouse, 1996) を挙げる。FT/FA は，学習者の母語文法が転移し，第二言語知識の初期状態になると仮定する。中間言語知識はインプットから肯定証拠を得ることにより，UG の制約のもと再構築され，解釈可能・不可能のどちらの素性も習得可能であると予測するが，母語知識の転移によって，肯定証拠による中間言語知識の再構築が阻害される可能性があると主張する。日本語の進行形形態素「ている」を例にとると，日本語では到達動詞 (achievement verb) に進行形の「ている」を付与すると進行の意味ではなく，結果の状態 (resultative) の意味として解釈される。(6a) は動作動詞 (activity verb)「飛ぶ」，(6b) は到達動詞「着く」が進行形

「ている」と伴に使用されているが，(6a) は「飛ぶ」という動作が進行中であるという進行の意味，(6b) は「着く」という出来事が起こり，その結果の状態が続いているという意味となる。

(6) a. 飛行機が飛んでいる。(進行)
    b. 飛行機が着いている。(結果の状態)

英語の進行形形態素 /-ing/ は，(7) に示す通り到達動詞に付与されても結果の状態は表さず，進行の意味を表す。

(7)　The airplane is arriving (at the airport)。(進行)
　　 飛行機が (空港に) 着陸しようとしている。

FT/FA に基づき，英語の進行形の習得について調査した Gabriele (2009) は，日本語母語話者の英語の /-ing/ の解釈に対して，次のように予測する。まず，母語転移によって，日本語母語話者は到達動詞に英語の進行形 /-ing/ が付加されると，結果の状態を意味すると解釈する。しかし，その一方で，(7) のように到達動詞と /-ing/ が結びついた場合，進行を意味することを示す肯定証拠が与えられる。そのような肯定証拠により，到達動詞 + /-ing/ は進行の意味もあることを習得する。これら二つの要因により，学習者の中間言語文法では，到達動詞 + /-ing/ に対し，「結果の状態」と「進行」の両方の解釈が可能な状態になると予測される。しかし，英語の進行形 /-ing/ には「結果の状態」の意味はないため，学習者はその解釈を取り除く必要があるが，それは困難であると予測される。前述の通り，英語の進行形 /-ing/ には，「進行」の意味を示す肯定証拠はインプットの中に存在するが，「結果の状態」の意味としての肯定証拠はない。FT/FA は中間言語文法の再構築は肯定証拠によってのみ可能であるとしているため，中間言語文法に存在する「結果の状態」としての解釈は肯定証拠によって取り除くことは不可能で，そのまま中間言語に残ると予測される[6]。このように，FT/FA は，中間言語知

6　Gabriele (2009) の結果は，この予測通り，日本語母語話者は上級学習者も含め (7) を結

識は，母語知識の転移と肯定証拠により形成されるため，L2 インプットによって与えられる肯定証拠の有無により，学習者の言語知識が母語話者の知識と異なる可能性が生じると主張する。

本稿では，上記の仮説を踏まえ，中国語母語話者による日本語の WH-in-situ 疑問文の習得を検証する。上述のとおり，日本語と中国語の WH-in-situ 疑問文には，助詞の使用において違いが見られる。その違いについて次節で説明する。

3. WH-in-situ 疑問文

日本語や中国語などの WH-in-situ 言語では，WH 疑問詞は WH 疑問文のみに用いられるわけではなく，存在数量詞（existential quantifier）や全称数量詞（universal quantifier）としても解釈される（Kuroda, 1965）。(8) は日本語の例，(9) は中国語の例である。

(8) a. 誰が帰りましたか。　　（WH 疑問詞）
　　b. 誰もが来ました。　　　（全称数量詞）
　　c. 誰かが来ました。　　　（存在数量詞）
(9)　中国語
　　a.　Ni　　xiang　mai　shenme（ne）?　（WH 疑問詞）
　　　　You　want　buy　what　　(Q_{WH})
　　　　あなたは何を買いましたか。　　　　　（Yuan, 2010: 220, (1a)）
　　b.　Wo　shenme　dou　xiang　mai.（全称数量詞）
　　　　I　　what　　each　want　buy
　　　　私はどれも買いたいです。　　　　　（Yuan, 2010: 220, (1b)）
　　c.　Ta　mai-le　　shenme　ma?（存在数量詞）
　　　　he　buy-Asp　what　　　Qyn
　　　　彼は何か買いましたか。　　　　　　（Cheng, 1991: 113, (3)）

果の状態と進行の両方の意味で捉える傾向があり，「結果」の意味の排除が難しいことを示した。

Kuroda（1965）は，伝統的に WH 疑問詞と呼ばれる日本語の代名詞は，意味が定まっておらず，その解釈には助詞の「か」と「も」が影響していることを指摘した。日本語においては，(8a)のように「誰」が疑問の助詞「か」と結びつくと WH 疑問詞に，(8b)にあるように全称の意を表す助詞「も」と結びつくと全称数量詞に，そして(8c)のように存在の意を表す助詞「か」と結びつくと存在数量詞として解釈される。

　中国語では，WH 疑問を表す助詞の「ne」を使用するか，あるいは上昇調のイントネーションとともに用いると WH 疑問詞として解釈される。しかし，副詞の「dou」とともに用いると全称数量詞として解釈される。存在数量詞としての解釈は，ある条件を満たす場合に可能となる。その条件とは，WH 要素と否定の「bu」や Yes/No 疑問文の助詞「ma」，非叙述的動詞，「keneng」（あるいは）などの不確実性を表す副詞，条件の接続詞「ruguo」（もし）などを共起させると，存在数量詞としての解釈が許される（Li, 1992; Lin, 1998）。(9c)では，Yes/No 疑問文の助詞「ma」と伴に使用されているため，存在数量詞としての解釈が可能となる。

　上述のように，日本語の WH 疑問文は，WH 要素と疑問を表す助詞「か」の結びつきによって決定されるが，さらに「か」は WH 要素のスコープ（作用域）(scope)を決定する要素であると考えられる。すなわち，(10)の例に示すとおり，WH 要素の位置は同じであってもその解釈は異なる。(10a)のように，従属節に肯定の補文標識「と」が，そして主節の補文標識の位置に「か」が用いられると WH 疑問文として解釈され，(10b)のように，「か」が従属節の補文標識の位置にある場合，Yes/No 疑問文として解釈される。一方，英語のような WH 移動のある言語では，WH 要素のスコープは移動によって決定する（Baker, 1970）。WH 疑問詞「who」が主節に移動した(11a)では，WH 疑問詞のスコープは主節となり，WH 疑問文として解釈される。(11b)では従属節の接頭に移動をし，「who」のスコープは従属節となり，Yes/No 疑問文として解釈される。

(10) a.　太郎は［花子が誰を見たと］言いましたか。(WH 疑問文)
　　 b.　太郎は［花子が誰を見たか］言いましたか。(Yes/No 疑問文)
(11) a.　Who$_1$ did Taro say [Hanako saw t$_1$]？(WH 疑問文)

b. Did Taro say [who₁ Hanako saw t₁]？（Yes/No 疑問文）

日本語の WH 要素のスコープについて，西垣内・石居（2003）は以下の（12）のように述べている。

(12) 日本語の WH 要素のスコープは，(i) WH 要素と，(ii)「か」を含む領域である。　　　　　　　　　　　　　（西垣内・石居, 2003, p. 115）

(10) の WH 要素のスコープを (13) に図式化する。助詞「か」が従属節にない (13a) の WH 要素のスコープは主節の「か」まで広がり，主節をスコープとする。その場合は，文全体がスコープ範囲となり，WH 疑問文として解釈される。一方，(13b) は助詞「か」が従属節にあるため，WH 要素のスコープは従属節となり，間接疑問文として解釈される。さらに，主節（文末）の「か」は Yes/No 疑問文に使用される助詞「か」として解釈され，(13b) は Yes/No 疑問文となる。

(13) a. [CP ... [CP ... WH ...　と]　...　か]　（=10a）

　　b. [CP ... [CP ... WH ...　か]　...　か]　（=10b）

(13b) では，「か」が主節の補文標識の位置にあるにも関わらず，WH 要素はスコープを主節とすることができない。それは，従属節に「か」がある場合，WH 要素は主節の「か」と呼応できないからである。これは，補文標識「か」が，WH 要素との間で，WH 島の制約（Wh-island constraint）の効果が働いていると考えられるためである（Nishigauchi, 1990; Watanabe, 1992a,b）。WH 島の制約とは，(14a) の例に示す通り，疑問，つまり [+Q] 素性を持つ従属節から WH 要素を取り出し，移動することを制限する制約である（Chomsky, 1964）。日本語でも (14b) の文は非文であり，英語と同様の WH 島の制約が観察される（Watanabe, 1992a,b）。

(14) a. *Who₁ did Taro say [[+Q]whether Hanako saw t₁]？

b. ??太郎は [₍₊Q₎ 花子が誰を見た かどうか] 言いましたか。

(14a) の WH 要素「who」は従属節の痕跡「t」(trace) が元位置となるが，顕在的な WH 句の移動により主節へ移動している。しかしこの移動は WH 島の制約が適用され，非文となる。このように，文中のある要素が局所 ((14) では，従属節) に留まることが求められることを局所性 (locality) と呼ぶ。英語では，WH 要素は顕在的な移動によって [+Q] の従属節から，WH 要素が移動するため WH 島の制約が適用されると考えられている (Chomsky, 1977)。しかし，日本語の WH 疑問文においては，顕在的な移動はないため，なぜ WH 島の制約が適用されるのかについて，多くの議論がなされてきた。Nishigauchi (1990) は，WH 要素は，論理形式 (LF, Logica Form) において，「か」の指定部へ移動を起こすと主張している[7]。(15a) は LF 移動前の統語構造，(15b) は LF 移動後の意味を表す構造を示す (西垣内・石居, 2003, p. 116)。

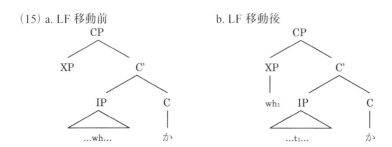

Nishigauchi によると，助詞「か」の位置が WH 要素のスコープの位置と一致するのは，WH 要素が「か」を補文標識 (C) の CP 指定部へ LF 移動するためであるとしている。そして，(14b) で示したように，従属節の補文標識「か」，または「かどうか」によって従属節が [+Q] 素性に指定されると，WH 要素は従属節から外への LF 移動が制限される。従って，(16) に図式化する LF 移動は，WH 島の制限により不可能とされる。

---

[7] Nishigauchi (1990) の LF 移動を用いた日本語の WH 疑問文の分析は，Huang (1982) の中国語の WH 疑問文に対する分析に基づいている。

(16) *[CP [+Q] WH₁ ... [CP [+Q] ... t₁ ... か (どうか)] ... か]

　言語理論の発展に伴って，現在では，日本語のWH要素の解釈には，LF移動ではなく顕在的な移動を提案する分析（Watanabe, 1992a,b; Hagstrom, 1998）や，日本語ではWH要素は顕在的にもLFでも移動はせず，無差別束縛（unselective binding）によってWH要素と「か」の呼応を説明する分析（Shimoyama, 2001, 2006）などが提案されている。今後もさらに分析が進む領域であると思われるが，日本語のWH要素のスコープを考える場合，WH要素と補文標識の位置に置かれる「か」（或は「かどうか」）との間で局所性の効果が働いていることは間違いないと思われる。
　一方，中国語は日本語と同じWH-in-situ言語だが，日本語と中国語のWH要素のスコープ解釈には違いがある。中国語には，日本語とは異なり，顕在的な[±Q]素性を表す補文標識は存在しない。しかし，中国語においても，節に付与された[±Q]素性がWH要素のスコープ解釈を決定するメカニズム自体は同じであると考えられる。それは，動詞の下位範疇化（subcategorization）から明らかになっている（Huang, 1982）。下位範疇化とは，述語が共起できる項目についての制約であるが，動詞によっては，補部となる節の[±Q]素性を制限することがある。例えば，(17a)に使用されている動詞「wen」（尋ねる）は，[+Q]の補部を要求する動詞であるが，(17b)の主節の動詞「xiangxin」（信じる）は[-Q]の補部を要求する動詞である（Huang, 1982: 254, (162), (163)）。

(17) a. [CP Zhangsan wen wo [CP [+Q] shei mail-le shu]].
　　　　Zhangsan asked me　　　 who buy-Asp book
　　　　Zhangsanは誰が本を買ったか尋ねました。
　　b. [CP Zhangsan xiangxin [CP [-Q] shei mei-le shu]] ?
　　　　Zhangsan believe　　　　 who buy-Asp book
　　　　Zhangsanは誰が本を買ったと思っていますか。

　(17a)においては，WH要素は従属節をスコープとし，(17b)においては，

主節をスコープとする。(17) のスコープ解釈を図式化したものを (18) に示す[8]。

(18) a.　[$_{CP[-Q]}$ ... [$_{CP[+Q]}$ ... WH ...]].　(= 17a)
　　　b.　[$_{CP[+Q]}$ ... [$_{CP[-Q]}$ ... WH ...]]?　(= 17b)

同様の解釈が，(19) に示すとおり，日本語の動詞「尋ねる」と「信じる」にも見られる。日本語と中国語の違いは，補文標識が顕在的に示されているかどうかの違いとなる。

(19) a.　彼は　　[$_{[+Q]}$ 誰が本を買った<u>か</u>]　尋ねました。
　　　b.　彼は　　[$_{[-Q]}$ 誰が本を買った<u>と</u>]　思っていますか。

中国語において，もう一つ WH 要素のスコープに影響を与える要素として，疑問助詞が挙げられる。上述のとおり，日本語の疑問の助詞「か」は，WH 疑問文と Yes/no 疑問文の両方で用いられるが，中国語には 2 種類の疑問助詞がある。一つは WH 疑問文に用いる助詞「ne」，もう一つは Yes/no 疑問文に用いる「ma」である。そして，WH 疑問助詞「ne」は，上昇調のイントネーションで置き換えることができる。

(20) a.　Mary　shuo　[John　mai　　le　　shenma] (ne)?　　（WH 疑問文）
　　　　 Mary　say　　John　bought　Asp　what　　　(Qwh)
　　　　 メアリーはジョンが何を買ったと言いましたか。
　　　b.　Mary　shuo　[John　mai　　le　　shenma] ma?　　（Yes/No 疑問文）
　　　　 Mary　say　　John　bought　Asp　what　　　Qyn
　　　　 メアリーはジョンが何を買ったか言いましたか。

8　Huang (1982) は，上述の Nishigauchi (1990) の分析と同様に，中国語の WH 要素は [+Q] の CP 指定部へ LF 移動を起こすと主張している。

日本語の疑問助詞「か」はWH疑問文にも，Yes/No疑問文にも使用できるため，「か」に付与されている素性は[+Q]素性であると仮定する。一方で，中国語の助詞「ne」と「ma」は，WH疑問文とYes/No疑問文のどちらか一方にしか使用できない。従って，Cheng & Rooryck (2000) やSimpson (2000) は，中国語の「ne」には[+Q, +WH]素性が，「ma」には[+Q, +Y/N]素性が付与されているとしている。

「shuo」（言う）など，下位範疇化によって補部節の制約を受けない動詞では，「ne」と「ma」という顕在的な疑問助詞を使用することによって，WH要素のスコープ解釈が影響を受ける。(20) の文のスコープ解釈を図式化したものを以下に示す。(21a) (= (20a))においては，「ne」によってWH要素のスコープは主節に，(21b) (= (20b))においては，「ma」によって，WH要素のスコープは従属節となる。

(21) a. [$_{CP[+Q, WH]}$ … [$_{CP[-Q]}$ … WH …] ne]. (= 20a)
　　 b. [$_{CP[+Q, YN]}$ … [$_{CP[+Q, +WH]}$ … WH …] ma]? (= 20b)

以上のように，日本語と中国語のWH要素のスコープは，疑問助詞の種類と位置の違いによって説明できる。表1に日本語と中国語で使用される疑問助詞と補文標識の種類をまとめる。

表1　疑問助詞と補文標識の種類

	疑問助詞		補文標識	
	WH疑問文	Yes/No疑問文	[+Q]	[-Q]
日本語	か	か	か	と
中国語	-ne	-ma	Ø	Ø

まず，日本語の疑問助詞「か」は[+WH]や素性や[+Y/N]素性は付与されていないため，WH疑問文とYes/No疑問文のどちらの疑問文にも使用できるが，中国語の疑問助詞はWH疑問文に使用される「ne」とYes/No疑問文に使用される「ma」に区別される。また，日本語はWH要素と助詞「か」の位置によってスコープが決定される。従属節に[+Q]の補文標識「か」が

用いられた場合，WH 要素は従属節をスコープにするが，平叙従属節の補文標識「と」が使用されると WH 要素は従属節をスコープとすることはできない。一方で，中国語は主節の補文標識に WH 助詞「ne」が用いられると主節をスコープとするが，日本語のように従属節の［±Q］素性を顕在的に表すことができる形態素は存在せず，どちらもゼロ形態素を用いる。従属節が WH 要素のスコープとなるかどうかは，動詞の下位範疇化や助詞「ne」と「ma」により決定される。

次節では，WH-in-situ 疑問文の L2 習得に関する先行研究と，本稿の研究課題をまとめる。そして，第 2 節で紹介したの形態素の L2 習得に関する仮説に照らし合わせ，中国語話者による日本語の WH-in-situ 疑問文の習得過程についての予測を述べる。

4. 先行研究と研究課題

WH-in-situ の習得に関しては，これまで Choi & Lardiere (2006a,b) や，Choi (2009)，Kumagami (2008)，Yuan (2007, 2010)，そして Chu (2014) などで調査されている。本稿の調査と最も関連深い調査である Choi (2009) では，英語母語話者による韓国語の WH-in-situ の解釈について調査した。韓国語の WH 要素は，日本語と中国語と同様に，WH 疑問詞，存在数量詞，あるいは全称数量詞として解釈される。また，日本語と同様に補文標識によって従属節の［±Q］を区別する。(22a) の従属節には［+Q］の補文標識「nunci」，(22b) には［−Q］の「ta-ko」補文標識が使用されている。(22a) は日本語と同じように，WH 要素「nwu (kwu)」が［+Q］の補文標識「nunci」と呼応し，従属節がスコープとなる WH 疑問詞として解釈される。一方で，(22b) のように［−Q］の補文標識「ta-ko」が使用されると，WH 要素が存在数量詞（誰か）として解釈される。

(22) a. John-un　　[nwu (kwu)-ka　Mary-lul　cohaha-nunci] an-ta.
　　　 John-Top　　who-Nom　　 Mary-Acc　like-Q　　　know-Decl
　　　 John は［誰が Mary が好きなのか］知っている。

b. John-un [nwu（kwu）-ka Mary-lul cohahan-ta-ko] an-ta.
John-Top who-Nom Mary-Acc like-Decl-C know-Decl
'John knows that somebody likes Mary'
Johnは［誰かがMaryが好きなことを］知っている。

(Choi, 2009; 130)

(22b)に相当する日本語の文章は(23a)に示すとおり，非文となる。これは日本語のWH要素は韓国語のWH要素とは異なり，存在数量助詞「か」と結びつかないと存在数量詞としての解釈は不可能だからである。(23b)のように，存在数量助詞「か」を用いた場合のみ，文法的な文となる。

(23) a. *Johnは［誰がMaryが好きなことを］知っている。
b. Johnは［誰かがMaryが好きなことを］知っている。

上記のように存在数量助詞の使用範囲に関する違いはあるものの，韓国語と日本語はWH要素の解釈や［±Q］の補文標識による従属節のタイプを助詞を用い顕在的に表す点などにおいて共通点が多い。

Choiは，真偽値判断法（truth-value judgment task）を用い，(22)に示されたタイプの文の解釈について，中級レベル学習者24人，上級レベル学習者23人，そして韓国語母語話者10人を対象に調査を行なった。第3節で述べた通り，英語のWH要素のスコープは韓国語や日本語とは異なり，WH要素の移動により決定する。従って，韓国語を学ぶ英語母語話者はWH要素と補文標識の結びつきを習得する必要がある。Choiの結果によると，上級レベルの学習者は(22a)と(22b)のどちらの種類の文においても母語話者と差異がなかったが，中級レベルの学習者は(22b)の［−Q］補文標識に対しWH要素を正しく解釈することができなかった。［−Q］補文標識に対するWH要素の正しい解釈の割合は，母語話者が92.2%，上級グループが82.6%であったのに対して，中級グループは12.5%であった。この結果は，上級グループは補文標識が［−Q］の場合，正しくWH要素を存在数量詞として解釈ができるが，中級グループはWH要素を存在数量詞ではなくWH疑問詞として解釈する傾向を示している。従って，中級レベルにおいては，

補文標識の［±Q］素性をWH要素の解釈と結びつけるのが困難であることを示している。一方，上級レベルにおいては，この結びつけが可能であることを示唆している[9]。

本稿の目的である中国語母語話者の日本語のWH疑問文の習得を検証するにあたり，まず学習者の日本語習得の初期状態を考える。中国語母語話者の日本語のWH疑問文に対する初期状態は次のように予測される。

(24) a. 疑問助詞「か」に［＋Q, ＋WH］又は［＋Q, ＋YN］の素性の組み合わせを付与する。
　　 b. 中国語には補文標識がないため，補文標識の「か」と「と」をWH要素のスコープ解釈と結びつけることができない。

前節で述べた通り，日本語の助詞「か」には［＋Q］のみが付与されているが，中国語の助詞「ne」には［＋Q, ＋WH］素性が，「ma」には［＋Q, ＋Y/N］素性が付与されている。学習者の母語では二つの助詞が区別されているため，中国語話者は「か」をWH疑問文に使用する助詞，或はYes/No疑問文に使用する助詞であると解釈をすると予測される。しかし，学習者が「か」にどちらの素性を結びつけるかは予測するのは難しい。

(24b) については，中国語は補文標識にはゼロ形態素を用いるため (25) に示すような文において，補文標識「と」或は「か」によってWH要素のスコープ解釈を区別せず，どちらもWH疑問文として，或はどちらもYes/No疑問文として解釈するという二つの可能性がある。

(25) a. 太郎は［誰が本を買った<u>と</u>］言いましたか。（WH疑問文）
　　 b. 太郎は［誰が本を買った<u>か</u>］言いましたか。（Yes/No疑問文）

---

[9] Choi (2009) は，翻訳タスクと真偽値判断法を用い実験を行った。真偽値判断法では，上級グループは母語話者グループと統計的差異はなかったが，翻訳タスクでは差異がみられた。従って，Choi (2009) は，上級学習者にとっても韓国語のWH要素の解釈は困難であるとの結論に達した。しかし，翻訳テストはイントネーションによって解釈が異なる文を使用しているため，上級学習者にとって，WH要素と形態素の結びつきの習得が困難なのか，イントネーションの習得が困難なのか，区別が難しい。従って本稿では，真偽値判断法から得られた結果のみを考察に加えた。

「か」に［＋Q, ＋WH］素性と結びつけた場合，(25) の文はどちらも (26a) のように解釈し，「か」に［＋Q, ＋Y/N］素性と結びつけた場合，(25) の文はどちらも (26b) のように解釈すると予測される。

(26) a.　太郎は［誰が本を買ったØ］言いました　か$_{WH}$.
　　　b.　太郎は［誰が本を買ったØ］言いました　か$_{YN}$.

(24) で述べた中間文法を初期状態とし，中国語話者は日本語の WH 疑問文を習得する過程で，次に挙げる知識を習得する必要がある。

(27) a.　日本語の助詞「か」の持つ素性は［＋Q］であり，［＋WH］や［＋Y/N］の素性は付与されていない。助詞「か」は，WH 疑問文と Yes/No 疑問文の両方に使用される。
　　　b.　日本語では従属節の補文標識が顕在的に現れ，節の［±Q］素性を決定する。そして，顕在的な補文標識「か」が置かれることにより，WH 要素の解釈に局所性の効果が現れる。

FFFH においては，L2 習得において習得が難しい領域は解釈不可能素性であると主張されている。Chomsky (1995) によると，［±Q］素性と WH 素性は解釈可能素性である。さらに，日本語の補文標識に使用される［±Q］素性は中国語にも存在する素性である。従って，FFFH は中国語話者による日本語の習得は困難ではないと予測する。

FRA (Lardiere, 2008, 2009) は，機能範疇に関わる素性の組み替えが難しいと予測する。前述の通り，日本語の助詞「か」は中国語の疑問助詞「ne」と「ma」の素性の組み合わせをそのまま結びつけることはできないので，「か」の習得は難しいと予測する。そして，日本語では補文標識の「か」に［＋Q］素性が，「と」に［−Q］素性が結びついているが，中国語ではどちらの素性もゼロ形態素を用いるため，日本語の「か」と「と」に対して適切な素性を結びつけるのが難しいと予測する。

FT/FA (Schwartz & Sprouse, 1996) においては，母語知識が完全転移した後，その母語知識によって L2 インプットが解析できない場合に中間言語知

識の再構築が起こるとされている。まず，日本語の助詞「か」においては，上述のとおり，［＋Q, ＋WH］と［＋Q, ＋YN］の素性の組み合わせを転移させていると考える。そして，中国語話者が日本語の (28) に示すようなインプットを受けた場合，「か」がWH疑問文とYes/No疑問文のどちらにも使用されていること示される。

(28) a. 誰が　帰りました　か。(WH疑問詞)
b. 太郎が　帰りました　か。(Yes/No疑問文)

(28) のようなインプットは，中国語話者にとって肯定証拠となり，日本語の「か」は［＋Q］素性を表すが，［＋WH］と［＋YN］の素性には限定されていないことを習得できると考えられる。

　日本語の従属節に使用される顕在的な補文標識については，中国語では使用されないが，日本語では補文標識が使用される。また，「か」には［＋Q］，「と」には［−Q］の素性が付与されていることが，次の (29) に挙げるような類のインプットによって肯定証拠が得られると考えられる。従って，FT/FAによれば，補文標識の習得は可能であると予測される。

(29) a. ［(あなたは)［太郎が来た か］尋ねました か］
b. ［(あなたは)［太郎が来た と］思います か］
c. ［(あなたは)［誰が来た か］尋ねました か］
d. ［(あなたは)［誰が来た と］思います か］

　MSIH (Prévost and White, 2000; Haznedar and Schwartz, 1997) は形態素の産出に関する仮説である。本稿で検証する実験は，WH要素の解釈を調査する実験であるため，MSIHから直接導き出される予測を検証することはできない。しかしMcCartthy (2008) が指摘するように，MSIHはL2学習者に見られる変異性は産出の際の言語処理の段階で生じると主張しているため，形態素の解釈を問うタスクにおいては，変異性は観察されないことが予想される。本稿ではWH要素の解釈を検証するものであるため，上級レベルの中国語話者における日本語の「か」と補文標識の解釈には，変異性が観察され

ないと予測する。

以上の4つの仮説から導き出せる予測を表2にまとめる。

表2　疑問助詞と補文標識の習得の可能性についての予測

FFFH	どちらも解釈可能素性であるため，習得は可能と予測される
FRA	どちらも素性の組み替えが必要なため，難しいと予測される
FT/FA	どちらも肯定証拠がインプットに存在するため習得は可能と予測される
MSIH	形態素の産出ではなく，解釈に関する調査のため，母語話者と同様の解釈が可能であると予測される

4つの仮説のうち，FFFHとMSIH，そしてFT/FAは，中国語母語話者は日本語の「か」と補文標識の習得が可能であると予測し，逆に習得が困難であると予測するのは，FRAのみである。しかし，FRAはFT/FAと同じく，肯定証拠が存在するのであれば習得は可能であるとも主張しているため，困難であったとしても習得は可能だという予測も成り立つ。しかし，習得が困難な素性の組み替えにどの程度の習熟度レベルが必要なのかという問題に対しては，FRAは，はっきりと述べていない (Donna Lardiere, personal communication, June 7, 2015)。中級レベルの習熟度でも組み替えが可能なのか，それとも上級レベルやnear-nativeレベルの習熟度が必要なのかなど，素性の組み替えと習熟度の関係が明らかでない。Choi (2009)の調査では，WH要素と形態素の結びつきについて，中級レベルの英語母語話者は習得が難しいが，上級レベルの学習者にとっては可能であることが示唆された。本調査では，日本語を習得する中級レベルと上級レベルの中国語母語話者を対象とする。FRAが予測するように中国語母語話者にとって日本語のWH要素と形態素の結びつきの習得が困難であるとすると，どのレベルの学習者にとって困難なのか，そして習得ができていない学習者は日本語の疑問助詞と補文標識をどのように解釈するのかについて検証する。

5. 中国語母語話者による日本語の WH-in-situ の習得

5.1 被験者と実験内容

　本実験では，中国語（北京語）母語話者を実験群として52人，統制群として12人に参加いただき，調査を行なった[10]。学習者グループの被験者は，実験参加時に日本に在住する者で，日本の大学の学部生，或いは大学付属の語学学校で日本語を学ぶ学生であった。学習者を習熟度に合わせて，中級レベル27人と上級レベル25人に分けた[11]。実験は翻訳タスクと容認度判断タスク（Acceptability Judgment Task, AJT）を使用した[12]。翻訳タスクは日本語を中国語へ翻訳するテストであるため，学習者のグループのみにテストを実施した。この翻訳タスクでは，二種類の実験文，「補文標識テスト文」と「スコープ解釈テスト文」，が使用された。補文標識テスト文は，(30) の例にあるように，WH 要素は含まず，補文標識に使用される「と」と「か」の解釈を調べるものである。

(30)　　補文標識テスト文
　　a.　補文標識「と」（各4問）
　　　　次郎は [pro　　ピザを　買った　と] 言いましたか。
　　b.　補文標識「か」（各4問）
　　　　信子は [pro　　本を　　読んだ　か] 言いましたか。

　スコープ解釈テスト文は，WH 要素が従属節で使用され，補文標識「と」と「か」により，WH 疑問文か Yes/No 疑問文のいずれかに解釈される疑問文である。

10　実験には，英語母語話者も被験者グループとして参加した。英語話者の結果は Umeda (2007, 2008) を参照されたい。
11　日本語の習熟度は，選択肢付きのクローズ・テスト（Cloze test）によって測定された。
12　実験で使用されたタスクには翻訳タスクと AJT に加え，文法性判断タスク（Grammaticality judgment task）も実施された。文法性判断テストは WH 要素の解釈をテストするものではなかったため，本稿では省略する。また，この文法性判断タスクについては Umeda (2008) を参照されたい。

(31)　スコープ解釈テスト文
　　a. WH疑問文（各4問）
　　　次郎は［pro　　何を　買った　と］言いましたか。
　　b. Yes/No疑問文（各4問）
　　　信子は［pro　　何を　読んだ　か］言いましたか。

　本タスクでは，被験者は中国語で書かれた短い導入文を読んだ後，その下に日本語で書かれた各テスト文を中国語に翻訳する。(32)に導入部分を合わせた問題例を提示する。(32)の角括弧内に記載されている導入部の日本語訳は，実際のテストには無記載であった。

(32)　Akiko 想知道 Jiro 是否买了比萨，所以她问了他。Akiko 的朋友问她，
　　　［明子は次郎がピザを買ったかどうか知りたかったので，次郎に尋ねました。明子の友達がこう聞きました。］
　　　テスト文：次郎はピザを買ったと言いましたか。

　AJTは，実験群と統制群の両グループを対象に実施された。AJTは，WH要素のスコープの解釈を調査するものである。本タスクのテスト文はWH疑問文とYes/No疑問文の二種類で，質問と回答のペアが提示される。被験者は，1～4のスケールを使い，回答が質問に対して自然であるか不自然であるかを判断する。本タスクで使用されたテスト文を(33)と(34)に提示する。

(33)　WH疑問文（各4問）
　　a. Q: ミキは［何を飲んだと］言いましたか。
　　　 A: ビールを飲んだと言いましたよ。（自然）
　　b. Q: ミキは［何を飲んだと］言いましたか。
　　　 A: はい，言いましたよ。（不自然）
(34)　Yes/No疑問文（各4問）
　　a. Q: マサミは［誰を招待したか］言いましたか。
　　　 A: ケンジを招待したか言いましたよ。（不自然）

b. Q: マサミは［誰を招待したか］言いましたか。
　　A: はい，言いましたよ。（自然）

(33a) は適切な QA ペアであるが，(33b) は Yes/No 疑問文としての解釈になっているので，不自然な QA ペアとなる。(34) は Yes/No 疑問文であるため，(34a) の QA ペアは不自然，そして (34b) は自然となる。各 QA ペアは，文脈とともに提示されるが，文脈は翻訳テスト同様に被験者の母語で提示された。従って，実験群のテストは中国語で，統制群のテストは日本語で提示された。(35) と (36) は統制群のテストの例である。

(35) 明美と次郎は自宅でパーティを開くことにしました。次郎は明美が既に健司を招待したかどうか知りたかったので，明美に尋ねました。翌日，次郎の友達が彼にこう尋ねました。
「明美は誰を招待したか言いましたか。」
次郎はこう答えました。
「はい，言いましたよ。」
　　　　　　　　　　　　　　不自然　　自然
この答えは質問に対して適切ですか。　1　2　3　4　／分からない

(36) 美紀は昨晩，日本食レストランへ行きました。大介は美紀がすしを食べたかどうか知りたかったので，彼女に尋ねました。しばらくして，大介の友達が彼にこう尋ねました。
「美紀は何を食べたと言いましたか。」
大介はこう答えました。
「はい，言いましたよ。」
　　　　　　　　　　　　　　不自然　　自然
この答えは質問に対して適切ですか。　1　2　3　4　／分からない

5.2　結果
5.2.1　翻訳タスクの結果
　翻訳タスクにおいては，正しく翻訳できたものに対して1点，誤った翻

訳は0点とし，平均正答率を表3と表5にまとめた。まず，補文標識テスト文の結果を表3に示す。補文標識においては，中国語話者は「と」の正解率が「か」の正解率に比べて高いことがわかる。「か」の誤答のほとんどは，「か」を「と」と同様に解釈し，[−Q]の従属節として解釈した。また，中級レベルと上級レベルでの平均正解率にそれほど開きがなかった。

表3　翻訳タスク：補文標識テストのグループ別結果

	補文標識「と」(SD)	補文標識「か」(SD)
上級グループ	0.94 (0.13)	0.30 (0.35)
中級グループ	0.83 (0.22)	0.25 (0.27)

グループ（中級，上級）と補文標識の2要因を，混合計画の分散分析（two-way ANOVA）を行ったところ，補文標識においては主効果が見られたが（$F(1, 50) = 111.08, p < .001$），グループ間には主効果は見られず（$F(1, 50) = 3.63, p = .062$），交互作用（補文標識×グループ）においても有意差はなかった（$p = .570$）。補文標識に主効果が見られたことから，補文標識「と」の正解率が「か」の正解率に比べ有意に高いと言える。

個人別結果を表4にまとめる。表中の人数は，各テスト文の4問中，3問以上正解だった被験者の人数である。どちらのグループも被験者の大部分が「と」と「か」の区別を翻訳文の中で表現することができなかったと言える。

表4　翻訳タスク　補文標識テストの正解者数

上級グループ	5/25 (20%)
中級グループ	1/27 (4%)

スコープ判断テスト文の結果を表5に示す。このテスト文では，主節がWH要素のスコープとなるWH疑問文の解釈の誤りが多く，従属節がWH要素のスコープとなるYes/No疑問文の解釈の方が誤りが少なかった。また，WH疑問文の解釈の誤りは，どちらのグループも80％以上がWH要素のスコープを主節ではなく，従属節とする誤訳だった。補文標識テスト文と同様に，中級レベルと上級レベルの間で，ほとんど差が見られなかった。補

文標識テストと同様に，2要因の混合計画の分散分析を行ったところ，疑問文タイプにおいては主効果が見られた（$F(1, 50) = 102.88, p < .001$）。しかし，グループ間には主効果は見られず（$F(1, 50) = 0.60, p = .439$），交互作用（疑問文タイプ×グループ）においても有意差はなかった（$p = .633$）。疑問文タイプに主効果が見られたことから，Yes/No 疑問文の正解率が WH 疑問文の正解率に比べ有意に高いことが示された。

表5　翻訳テスト：スコープ判断テスト文のグループ別結果

	WH 疑問文（SD）	Yes/No 疑問文（SD）
上級グループ	0.18（0.07）	0.82（0.07）
中級グループ	0.17（0.06）	0.87（0.05）

個人別結果においては，52人の被験者中，正しい解釈を翻訳文で表現することができたのは，上級レベルの1名のみであった。また，スコープ判断テスト文に合格した1名の被験者は，補文標識テストに合格した5名のうちの1名である。

表6　翻訳テスト：スコープ判断テストの正解者数 *

上級グループ	1/25（4%）
中級グループ	0/27（0%）

* 各テスト文4問中，3問以上正解だった被験者の数

5.2.2　AJT の結果

AJT のグループ別の結果を表7に示す。表中の数字は，スケールで用いられた1～4のうち，選択した数の平均値である。統制群の結果を見ると，予想通り，主節が WH 要素のスコープとなる WH 疑問文では，Yes/No 回答が不自然と判断された。一方，従属節が WH 要素のスコープとなる Yes/No 疑問文では，Yes/No 回答が自然であると判断されている。一方，実験群においては，中級と上級のどちらのレベルにおいても，WH 疑問文では WH 回答の方が Yes/No 回答よりも自然であると判断されているが，Yes/No 疑問

文においては，中級グループは不自然な回答の方を自然な回答より高く評価している。

表7　AJT: グループ別結果 *

		WH 疑問文		Yes/No 疑問文	
		自然	不自然	不自然	自然
統制群		3.98 (0.31)	1.65 (0.50)	1.46 (0.07)	3.88 (0.78)
実験群	上級	3.96 (0.11)	2.32 (1.10)	2.63 (0.68)	3.24 (1.05)
	中級	3.86 (0.34)	2.30 (1.00)	3.24 (0.79)	3.05 (0.91)

＊表中の括弧内は標準偏差を表す。

グループ（3水準），疑問文タイプ（2水準），QAペアの自然さ（2水準）の3つを独立変数，そして回答値を従属変数とし，3要因の分散分析（three-way ANOVA）を使用し統計処理を行ったところ，グループ要因と自然さ要因において主効果が認められた（$F(2, 244)$ =4.89, p = .008, $F(1, 244)$ =182.19, $p < .001$）が，疑問文タイプ要因は主効果が認められなかった（$F(1, 244)$ =0.11, p = .732）。また，グループ×疑問文タイプ×自然さの2次交互作用が有意であった（$F(2, 244)$ =4.21, p = .015）。

「自然さ」要因における「グループ」の3水準と「疑問文タイプ」の2水準の単純・単純主効果を検証したところ，いずれのグループもWH疑問文に対しては自然と不自然のペアの比較においては有意であった（各グループ $p < .001$）（中級・上級・統制群：自然＞不自然）。一方で，Yes/No 疑問文においては，上級グループと統制群は自然と不自然なペアの比較においては有意であったが（上級 p = .015, 統制群 $p < .001$），中級グループは有意ではなかった。この結果から，中級グループの Yes/No 疑問文の解釈は，上級グループと統制群の解釈とは異なることが示された（中級：自然＝不自然，上級・統制群：自然＞不自然）。

「グループ」要因における「疑問文タイプ」の2水準と「自然さ」の2水準の単純・単純主効果を検証したところ，WH 自然においてはグループの主

効果は有意ではなかったが (p = .900),そのほかの3つのタイプ (WH不自然,YN自然,YN不自然) においては,主効果が認められた (p < .001, p = .003, p < .001)。その後の検定 (ライアンの方法) によると,WH不自然とYN自然においては,中級と上級の間には差異がなかったが (p = .935, p = .368),どちらのグループも統制群との比較において差異が認められた (いずれも有意水準 p < .05) (中級 = 上級 < 統制群)。そして,YN不自然においては,全てのグループの間で差異が見られた (いずれも有意水準 p < .01) (中級 < 上級 < 統制群)。従って,WH自然のQAペア以外は,どちらの学習者グループも統制群とは異なった判断をしたことが明らかになった。

AJTの個人別の結果を表8に示す。AJTでは,最低点1で,最高点4があるため,被験者が自然な回答に対して平均3以上,不自然な回答に対して平均2以下の判断をした被験者を合格として,合格者の人数をまとめた。

表8 AJT:合格者数

		WH疑問文	Yes/No疑問文	両方合格
統制群		11/12 (91.6%)	10/12 (83.3%)	9/12 (75%)
実験群	上級	11/25 (44.0%)	6/25 (24 %)	2/25 (8%)
	中級	12/27 (44.4%)	2/27 (7 %)	0/27 (0%)

統制群の被験者の中にも一貫性のない回答をする被験者がいたが,大部分は合格であった。一方で,学習者の回答には一貫性がなく,中級レベルの学習者の中で,両タイプの文で合格した学習者はいなかった。上級グループでも,両タイプの文での合格者は,25人中2人のみが合格であった。この結果から,上級グループの被験者であっても回答に一貫性が欠けていたことが窺える[13]。

5.3 結果のまとめ

まず,翻訳タスクの補文標識テスト文において,中国語話者は,「か」が使用された従属節を [+Q] ではなく [−Q] と解釈する割合が非常に高かっ

---
13 この2人は,翻訳タスクにおいて,「補文標識テスト文」では「か」と「と」を区別できていたが,「スコープ判断テスト文」では不合格であった。

たことが判明した。これは，例えば (37a) を (37b) とする解釈である。そして，スコープ解釈テスト文においては，補文標識テスト文は反対に [－Q] の従属節を [＋Q] と解釈する学習者が大部分を占めた。これは，例えば次の (38) の文を WH 疑問文ではなく，Yes/No 疑問文として解釈する回答者である。

(37) a. 次郎は [pro　ピザを　買った　か] 言いました　か。
　　 b. 次郎は [pro　ピザを　買った　と] 言いました　か。
(38)　　次郎は [pro　何を　　買った　と] 言いました　か。

　AJT では，中級レベルの学習者では，WH 要素のスコープが正しく解釈できないという傾向が見られたが，上級レベルにおいては，母語話者との差異はあるものの，自然な回答と不自然な回答を区別することができていた。
　WH 要素のスコープ解釈について，翻訳タスクと AJT とでは矛盾する結果となった。翻訳タスクでは，学習者は，従属節の補文標識が「と」であっても「か」であっても，WH 要素のスコープは従属節であると解釈する傾向にあったが，AJT ではスコープが主節となる WH 疑問文の解釈の方の容認率が高かった。また，個人別結果でも，両タスクにおいて，学習者は一貫した解釈を示すことができなかった。さらに，上級者グループにおいても，両タスクを通じて合格した学習者はいなかった。

6. 考察

6.1　結果：WH 疑問文の習得

　本稿では，中国語母語話者は日本語の WH 疑問文の解釈に必要な以下の二つの要素を習得できるかどうかを検証した。

(39) a. 日本語の助詞「か」の持つ素性は [＋Q] であり，[＋WH] や [＋Y/N] の素性は付与されていない。助詞「か」は，WH 疑問文と Yes/No 疑問文の両方に使用される
　　 b. 日本語では従属節の補文標識が顕在的に現れ，節の [±Q] 素性を

決定する。そして，顕在的な補文標識「か」が置かれることにより，WH要素の解釈に局所性の効果が現れる。

(39a) については，AJT の結果から，学習者は「か」が主節に使用された疑問文を，WH 疑問文としても Yes/No 疑問文としても解釈していることが示唆された。WH 疑問文の (40a) は，4点満点で，中級グループが 3.86，上級グループが 3.96，(40b) は，中級グループが 3.05，上級グループが 3.24，という平均スコアになっている。Yes/No 疑問文に対するスコアは WH 疑問文と比べ低いものの，「か」を WH 疑問文と Yes/No 疑問文の助詞として解釈することができている。この結果から，学習者は日本語の助詞「か」が WH 疑問文と Yes/No 疑問文の両方に使用される助詞として解釈していることを表している。

(40) a. Q: ミキは [何を飲んだ　と] 言いました　か。
　　　　A: ビールを飲んだと言いましたよ。　（WH 疑問文としての解釈）
　　b. Q: マサミは [誰を招待した　か] 言いました　か。
　　　　A: はい，言いましたよ。　　　（Yes/No 疑問文としての解釈）

一方，補文標識は，習得が難しい要素であることが明らかになった。翻訳タスクでは，補文標識テスト文とスコープ解釈テスト文の両方で誤った翻訳文が多く観察された。特に以下の二種類の文において，多くの誤訳が見られた。つまり，(41a) の補文標識「か」が [−Q] として，(41b) の補文標識「と」が [＋Q] として解釈される割合が 8 割を超えていたのである。

(41) a. 次郎は [pro　本を　買ったか] 言いましたか。
　　b. 次郎は [pro　何を　買ったと] 言いましたか。

AJT においては，上級グループは自然な回答と不自然な回答を区別することが出来ていたが，個人別結果では，上級グループの学習者であっても，ほとんど全員の解釈が一貫性を欠いたものになっていた。この結果は，中級レベルの学習者も上級レベルの学習者も，顕在的な補文標識を習得することが

困難であり，変異性が残っていることを示している．

　本調査の結果，中国語母語話者にとって日本語の顕在的な補文標識を習得することが困難であることが示唆された．ここで，学習者が WH 要素と補文標識をどのように解釈しているのかを考えたい．まず，翻訳タスクの結果では，中級グループも上級グループも WH 要素を含む (41b) のタイプの文では，使用されている補文標識に関係になく，文全体を Yes/No 疑問文として解釈している．この解釈を導き出すためには，(42) に示すように，補文標識が「と」であったとしても従属節を [＋Q] と解釈し，WH 要素のスコープを従属節とすることが必要となる．

(42)　次郎は [pro　何を　買った [＋Q]] 言いました　か [Y/N]．

この結果から，中国語母語話者は補文標識を無視し，従属節の WH 要素のスコープは従属節にあるとし，文末の助詞「か」を Yes/No 疑問文の疑問助詞として解釈するとの予測が立つ．しかし，AJT の結果は翻訳テストの結果とは逆に，Yes/No 疑問文よりも WH 疑問文の方が正しく解釈できる傾向を示した．(41b) のタイプの WH 疑問文に対して中級グループも上級グループも (43a) の回答は容認し（上級 3.96，中級 3.86），(43b) は不適切だと判断している（上級 2.32，中級 2.30）．(43b) の回答を不適切だと判断したことは，学習者が (41b) を Yes/No 疑問文ではなく WH 疑問文として解釈していることを示している．もし (41b) を Yes/No 疑問文として解釈しているとすると，(43b) は容認されるはずであるが，AJT では中級と上級の両グループで容認度は低い．従って，学習者は AJT では (42) の解釈はしないと言える．

(43) a.　ビールを買ったと言いましたよ．
　　 b.　はい，言いましたよ．

　このようにタスク間で異なる解釈の傾向が見られたが，この結果はタスクの性質の違いが起因したと考えられる．翻訳タスクでは，日本語の疑問文を読み，その意味を中国語に訳すという工程が必要となる．この調査に用いられた実験文は，語彙的な意味ではなく，[±Q] 素性や WH 要素のスコープ

という文法的な意味を中国語で表現することを求めるタスクであった。そのため，学習者にとって正しく文に翻訳することが困難であったのではないだろうか。一方，AJT では，中国語を介すことなく会話形式で容認度を判断するタスクだったため，学習者にとってより自然な形で日本語の文の解釈が可能だったと考えられる。

　AJT の結果でさらに明らかになったのは，以下の二点である。

(44) a.　中級グループも上級グループも Yes/No 疑問文に比べ WH 疑問文の方が容認度を正しく判断できた。
　　 b.　上級グループは Yes/No 疑問文の自然な QA ペアと不自然な QA ペアの容認度を区別していたが，中級グループはできなかった。

従って，どちらのグループにとっても WH 疑問文と比べ Yes/No 疑問文に対する容認度判断が難しく，そして中級者よりも上級者の方がより母語話者の解釈に近かったと言える。(45) に Yes/No 疑問文，(46) に自然な回答と不自然な回答を再度提示する。

(45)　　　次郎は [pro　何を　買った か] 言いましたか。
(46) a.　はい，言いましたよ。(自然)
　　 b.　ビールを買った か 言いましたよ。(不自然)

(45) に対して，自然な回答の容認度は，上級グループで 3.24，中級グループで 3.05，不自然な回答の容認度は，上級グループで 2.63，中級グループで 3.24 であった。上級グループの自然と不自然の回答の容認度には統計的差異があったが，中級グループの容認度には統計的差異はなかった（第 5.2.2 節）。さらに中級グループは，(45) の回答として，(46b) を容認する傾向があった。

　中級グループの学習者にとって WH 疑問文と比較し Yes/No 疑問文が難しいのは，従属節に「か」が置かれることによって起きる局所性の効果の欠如が原因である可能性がある。第 3 節で述べたように，(45) の疑問文には「か」が従属節の補文標識として使用されているため，局所性により，WH

要素は従属節をスコープとし，WH 疑問文として解釈することはできない。しかし中級レベルの学習者の解釈は，局所性により不可能なはずの (46b) の解釈を容認している。この局所性の欠如は，中級者における補文標識の ［±Q］素性の習得が不十分であるからだと推測する。一方で上級グループは Yes/No 疑問文においても自然な回答と不自然な回答を区別し，自然な回答の方の容認度の方が高い。この結果は，習熟度が上がるにつれて補文標識に使用される助詞の習得が進み，補文標識「か」による局所性が現れたと考えられる。しかし，上級グループも翻訳テストでは補文標識や WH 要素のスコープ解釈を中国語の文に反映することが困難であり，Yes/No 疑問文の結果では日本語母語話者との間で容認度に違いが見られた。また，個人別の結果では WH 疑問文と Yes/No 疑問文の両方に対して一貫した判断ができたのはわずかに 2 名のみだった。以上のことから，AJT の結果では習熟度が上がるにつれ，日本語の WH 要素の解釈はより母語話者に近づいていると言えるが，上級グループにおいても解釈に変異性があると考えられる。

6.2　予測の検証：L2 習得モデル

　第 4 節で述べたように，中国語話者による日本語の顕在的な補文標識の習得に関して，FFFH と MSIH，そして FT/FA は習得できると予測されたが，FRA は習得は困難であると予測された。本調査の結果は，中級レベルの学習者においては，両タスクの結果から補文標識を習得するのは難しいことが示された。上級レベルの学習者は，翻訳タスクでは補文標識の違いを区別することができなかったが，AJT では母語話者との間で統計的差異は観察されたものの，区別ができることが示唆された。個人データにおいては，中級学習者も上級学習者も一貫性のある解釈ができた学習者はほとんどいなかった。

　このように，上級グループにおいても多くの変異性が見られたため，本結果は FRA を支持するものと言えるだろう。FFFH によれば，学習者の母語に ［±Q］素性があるため，日本語の補文標識に ［+Q］と ［−Q］素性をそれぞれ付与することは困難ではないと予測される。また，産出ではなく理解を問うタスクにおいても形態素の解釈の変異性が観察されたため，MSIH を支

持するものではない．そして，FT/FA は肯定証拠のある形態素の習得は可能であると予測するが，多くの上級グループの学習者が一貫性のある解釈ができなかったことから本調査の結果を説明するのは難しい．一方，FRA は機能形態素に付与された素性の組み替えは，たとえ肯定証拠が与えられたとしても L2 学習者にとっては習得が難しいことを指摘している．中国語母語話者にとって肯定証拠が十分に与えられると思われる日本語の補文標識の習得が難しいことから，本調査の結果は FRA を支持するものと考えられる．

しかし，肯定証拠が十分に与えられているにも関わらず，なぜ日本語の補文標識の習得は困難なのだろうか．Lardiere（2009）によると，機能形態素に結びつけられた形式素性は，ミニマリスト・プログラムの枠組みでは，言語間の文法的違いがコード化された要素となる．従って，形態素に素性を付与することは，言語習得の根幹をなす作業となる．子どもは，L1 習得の過程で，素性をある特定の組み合わせにし，機能形態素に付与する．一方，L2 習得では，L1 で既に組み合わされた素性が L2 文法の初期状態となって転移すると考えられるため，L2 学習者は L1 文法に基づき組み合わされた素性を，L2 インプットにある肯定証拠を基に組み変えなければならない．形態素に素性を結びつける工程は，新たな文法を習得する作業そのものであるが，L2 習得においては，L1 の影響も加わり，更に複雑で，習得に時間がかかる工程になるのだと考えられる．

さらに，FRA によると，素性の組み替えに時間を要するが，肯定証拠がインプットにより与えられるのであれば，習得は不可能ではないと主張している．上級グループにおいても一貫性のある解釈ができなかった学習者が多かったが，グループ別の結果によると上級グループは中級グループに比べ WH 要素のスコープ解釈がより目標言語の解釈に近づいている．第 4 節にまとめた Choi（2009）の結果によると，英語を母語とする上級学習者は韓国語の WH 要素の解釈が正しくできていたため，英語母語話者による韓国語の WH 要素の解釈は上級レベルで可能であることが示唆された．従って，本調査の被験者よりもさらに習熟度が高く，母語話者に相当する言語運用能力を持つ中国語母語話者は WH 要素のスコープを正しく解釈できるようになる可能性がある．今後，さらに習熟度が高い学習者を対象に調査をしたい．

7. おわりに

　本稿では，中国語母語話者による日本語の WH 要素の解釈の習得について調査を行った。機能形態素の習得は上級レベルの学習者であっても習得が困難であることが指摘され，その要因についていくつかの仮説が提案されている。本稿で報告した実験の結果からも，中国語母語話者にとって，日本語の補文標識「か」と「と」の習得が困難であり，また WH 要素のスコープ解釈についても大きな変異性があることが明らかになった。この結果から，形態素の変異性の要因に関する仮説の中でも，L2 習得において形態素に付与された素性の組み替えが困難であると予測する，FRA が支持される結果となった。

　FRA は，素性の組み替えは難しいが，肯定証拠があれば習得は可能であると予測している。しかし，本調査の個人別結果によると，翻訳タスクと AJT の両方のタスクにおいて一貫性のある解釈ができた上級学習者はほとんどいなかった。今後，中国語話者による日本語の WH 要素のスコープ解釈と補文標識の習得の可能性について，さらに調査を進めたい。

参考文献

Baker, C. L. (1970). Notes on the description of English questions: The role of an abstract question morpheme. *Foundations of Language*, 6, 197–219.

Cheng, L-S. L. (1991). *On the typology of wh-questions*. Unpublished Ph.D. dissertation, Massachusetts Institute of Technology.

Cheng, L.-S. L. & Rooryck, J. (2000). Licensing wh-in-situ. *Syntax*, 3, 1–19.

Choi, M.-H. & Lardiere, D. (2006a). Acquiring the interpretation of wh-expressions in Korean as a second language. *Paper presented at Generative Approaches to Second Language Acquisition 8 (GASLA8)*. Banff, Canada.

Choi, M.-H. & Lardiere, D. (2006b). The interpretation of wh-in-situ in Korean second language acquisition. In A. Belletti, E. Bennati, C. Chesi, E. Di Domenico, & I. Ferrari, (Eds.), *Proceedings of the 2005 Conference on Generative Approaches to Language Acquisition (GALA 2005)* (pp. 125–136). Cambridge: Cambridge Scholars Press.

Choi, M. (2009). *The acquisition of* wh-in-situ *constructions in second language acquisition*. Ph.D. dissertation, Georgetown University.

Chomsky, N. (1964). *Current issues in linguistic theory*. The Hague: Mouton.

Chomsky, N. (1977). On wh-movement. In P. Culicover, T, Wasow, & A. Akmajian (Eds.), *Formal syntax* (pp. 71–132). New York: Academic Press.

Chomsky, N. (1995). *The minimalist program*. Cambridge, MA: MIT Press.

Chomsky, N. (1998). Minimalist inquiries: The framework. *MIT Occasional Papers in Linguistics 15*. Cambridge, MA.: MITWPL.

Chu, W. (2014). *Wh-exsistential words: A comparative study of English-Chinese and Korean-Chinese interlanguages*. Ph.D. dissertation, University of Hawaii.

Franceschina, F. (2002). Case and -feature agreement in advanced L2 Spanish grammars. In S. H. Foster-Cohen, T. Ruthenberg, and M. L. Poschen (Eds.), *EUROSLA yearbook 2* (pp. 71–86). Amsterdam: John Benjamins.

Franceschina, F. (2005). *Fossilized second language grammars: The acquisition of grammatical gender*. Amsterdam: John Benjamins.

Gabriele, A. (2009). Transfer and transition in the SLA of spect. *Studies in Second Language Acquisition*, *31*, 371–402.

Grüter, T., Lew-Williams, C., & Fernald, A. (2012). Grammatical gender in L2: A production or a real-time processing problem? *Second Language Research*, *28*, 191–215.

Hopp, H. (2013). Grammatical gender in adult L2 acquisition: Relations between lexical and syntactic variability. *Second Language Research*, *29*, 33–56.

Hagstrom, P. (1998). *Decomposing questions*. Ph.D. dissertation, Massachusetts Institute of Technology.

Hawkins, R. & Hattori, H. (2006). Interpretation of English multiple *wh*-question by Japanese speakers: A missing uninterpretable feature account. *Second Language Research*, *22*, 269–301.

Haznedar, B. & Schwartz, B. (1997). Are there optional infinitives in child L2 acquisition? In E. Hughes, M. Hughes, & A. Greenhill (Eds.), *Proceedings of the 21st Annual Boston University Conference on Language Development (BUCLD)* (pp. 293–306). Somerville, MA: Cascadilla Press.

Huang, J. (1982). *Logical relations in Chinese and the theory of grammar*. Ph.D. dissertation, Massachusetts Institute of Technology.

Kumagami, M. (2008). Acquisition of Japanese wh-questions: The effects of processing strategyeies on L2 sentence judgment. In H. Chan, E. Kapia, & H. Jacob (Eds.), *BUCLD 32 Online Proceedings Supplement*. Retrved from http://www.bu.edu/bucld/proceedings/supplement/vol32/

Kuroda, S.-Y. (1965). *Generative grammar studies in the Japanese language*. Ph.D. dissertation, Massachusetts Institute of Technology.

Lardiere, D. (1998a). Case and tense in the 'fossilized' steady state. *Second Language Research*, *14*, 1–26.

Lardiere, D. (1998b). Dissociating syntax from morphology in a divergent L2 end-state

grammar. *Second Language Research, 14*, 359–375.
Lardiere, D. (2005). On morphological competence. In L. Dekydtspotter, R. A. Sprouse, & A. Liljestrand (Eds.), *Proceedings of the 7th Generative Approaches to Second Language Acquisition Conference (GASLA 2004)* (pp. 178–192). Somerville, MA.: Cascadilla Proceedings Project.
Lardiere, D. (2008). Feature assembly in second language acquisition. In J. M. Liceras, H. Zobl & H. Goodluck (Eds.), *The role of formal features in second language acquisition* (pp. 106–140). Mahwah, NJ: Lawrence Erlbaum Associates.
Lardiere, D. (2009). Some thoughts on the contrastive analysis of features in second language acquisition. *Second Language Research, 25*, 173–227.
Li, Y.-H. A. (1992). Indefinite *Wh* in Mandarin Chinese. *Journal of East Asian Linguistics, 1*, 125–155.
Li, Y.-H. A. (1999). Plurality in a classifier language. *Journal of East Asian Linguistics, 8*, 75–99.
Lin, J-W. (1998). On existential polarity wh-phrases in Chinese. *Journal of East Asian Linguistics, 7*, 219–255.
益岡隆志・田窪行則. (1992). 『基礎日本語文法 改訂版』東京：くろしお出版.
McCarthy, C. (2008). Morphological variability in the comprehension of agreement: An argument for representation over computation. *Second Language Research, 24*, 459–486.
西垣内泰介・石居康男. (2003). 『英語から日本語を見る』東京：研究社.
中村捷・金子義明・菊地朗. (2001). 『生成文法の新展開：ミニマリスト・プログラム』東京：研究社.
Nishigauchi, T. (1990). *Quantification in the theory of grammar*. Dordrecht: Kluwer.
Prévost, P. & White, L. (2000). Missing surface inflection or impairment in second language acquisition? Evidence from tense and agreement. *Second Language Research, 16*, 103–133.
Schwartz, B. D. & Sprouse, R. A. (1996). L2 cognitive states and the Full Transfer/ Full Access model. *Second Language Research, 12*, 40–72.
Shimoyama, J. (2001). *Wh-constructions in Japanese*. Ph.D. dissertation, University of Massachusetts, Amherst.
Shimoyama, J. (2006). Indeterminate phrase quantification in Japanese. *Natural Language Semantics, 14*, 139–173.
Simpson, A. (2000). *Wh-movement and the theory of feature-checking*. Amsterdam: John Benjamins.
Tsimpli, I. & Dimitrakopoulou, M. (2007). The interpretability hypothesis: Evidence from wh-interrogatives in second language acquisition. *Second Language Research, 23*, 215–242.

Umeda, M. (2007). Wh-scope marking in Engglish-Japanese Interlangauge. In A. Belikova, L. Meroni, & M. Umeda (Eds.) *Proceedings of the 2nd conference on generative approaches to language acquisition North America (GALANA)* (pp. 1–11). Somerville, MA: Cascadilla Proceedings Project.

Umeda, M. (2008). *Second language acquisition of Japanese* wh-*constructions*. Ph.D. dissertation, McGill University.

Watanabe, A. (1992a). Subjacency and S-structure movement of *wh*-in-situ. *Journal of East Asian Linguistics*, *1*, 255–292.

Watanabe, A. (1992b). Wh-in-situ, subjacency, and chain formation. *MIT Occasional Papers in Linguistics 2*. Cambridge, MA: MIT Working Papers in Linguistics.

White, L., Valenzuela, E., Kozlowska-Macgregor, M., & Leung, Y.-K. I. (2004). Gender and number agreement in nonnative Spanish. *Applied Psycholinguistics*, *25*, 105–133.

Yuan, B. (2007). Japanese speakers' second language Chinese wh-questions: A lexical morphological feature deficit account. *Second Language Resarch*, *23*, 329–357.

Yuan, B. (2010). Domain-wide or variable-dependent vulnerability of the semantics-syntax interface in L2 acquisition? Evidence from *wh*-words used as existential polarity words in L2 Chinese grammars. *Second Language Research*, *26*, 219–260.

第3章

第2言語における普遍的な文理解メカニズム

宮本エジソン正　吉田絢奈

1. はじめに

　従来の第2言語（L2）に関する研究は，学習者によるL2の言語知識の獲得を中心に行われてきた（Doughty & Long, 2005 等）。しかし，近年では，L2の文理解（parsing），つまり，L2の文を理解するために学習者がどのように知識を使用するかについての研究が行われている[1]。言語理解におけるパーサー（parser）とは，人々が文を処理し，意図された意味を理解するために言語知識を使用する方法であり，アルゴリズムのことを指す。例えば，英語では三人称単数の主語と現在形の動詞，例としてMaryとeatの間では数の一致があることを学習者は知識として知っているだろう。そこで疑問となるのが，Mary eats apples everyday のような文のそれぞれの単語を読む際に，学習者はどのようにその知識をわずか数百ミリ秒の間に使用しているのか，ということである。

　言語理解に関して，知識とパーサーという二つの要素から成り立つという考えについては議論の余地がある。しかし，この章で取り扱う議論を進めるためには，役立つものである。また，従来の研究者らがこれらの2分野についてそれぞれ個別に研究を進めてきたことを示すにも便利な分け方であ

1　Clahsen & Felser (2006a), Wen, Miyao, Takeda, Chu, & Schwartz (2010) 及び，その参考文献を参照されたい。

る。つまり，言語学者は言語知識について，心理言語学者はパーサーについて研究してきたのである。

　この知識とパーサーの2要素から構成されるという枠組みでは，まず，学習者には母語の知識（K1）と母語のパーサー（P1）が存在することが前提となる。次に，学習者は学習対象となる言語（目標言語）の知識（K2）の獲得を行う。従来のL2に関する研究者のほとんどが，このK2の獲得について調査してきた。例えば，日本語母語話者がどのように英語の文法・語彙・音声などの知識を獲得するか，などである。すなわち，従来の研究では，学習者は目標言語に関してその言語の母語話者の持つものと同様の知識が獲得できるかということに焦点を当てている[2]。

　対照的に，この章では言語理解のメカニズムに注目する。学習者は目標言語で書かれた文を理解するために，どのように言語知識を使用するのだろうか。これはつまり，P1とP2，すなわち目標言語のパーサーの関係性のことである。一つの可能性としては，P1とP2は異なるものであり，学習者はP2を学習する必要がある。もう一つの可能性としては，P1とP2は同様であることが考えられる。この章では後者の可能性を支持する。換言すると，人々が言語知識を使用する方法は，言語を問わず同様，普遍的なものであり，目標言語特有のP2を学習する必要はないのである[3]。

　この考えが正しいのであれば，学習者と母語話者における違いは全てK2，つまり目標言語の知識に限られる。もし学習者の言語処理が目標言語の母語話者のものと異なるのであれば，それはその言語現象に関する目標言語の知識を的確に獲得できなかったことが原因だと考えることができる。必要な知識が獲得されれば，学習者は目標言語で書かれた文を読んでいるときにも母語話者と同じように振る舞うことができるはずである。

　この章では，日本語における関係節及び，英語における数の一致という二つの異なる構造の実験結果について概観する。そして，L2学習者の目標言語における文処理は，先行研究で報告されている目標言語の母語話者の文処

---

[2] 研究例としてSchwartz & Sprouse (1996) を，その概要についてはSorace (2005) を参照されたい。
[3] 言語知識と処理のアルゴリズムを同時に獲得することの論理的不可能性，またその他の詳細な議論についてはFodor (1998) を参照されたい。

理と極めて類似していることを述べる。これらの結果は，学習者がL2の文を読んだ際に，浅く，簡素な表象のみを構築するという仮説（Clahsen & Felser, 2006a, b, c）の必要性に反するものである。つまり，本稿で取り扱う実験結果は普遍処理仮説（Universal Parsing Hypothesis）と矛盾せず，この仮説を支持する現象である[4]。

2. 普遍処理仮説（Universal Parsing Hypothesis）

　人間が情報を処理する際にはワーキングメモリのような認知資源の制限が伴う。例えば，8-0-1-9-4-5-2-0-2-5という10個の数字のような細かい情報を記憶するのは容易ではない。このことは，ワーキングメモリで保有した情報が急速に失われること，そして，ワーキングメモリの容量は非常に限られていることの2点の特徴を示している。

　しかし，10個の数字を80-1945-2025のように，三つのかたまり，つまりチャンク（chunk）としてグループ化（チャンキング，chunking）することで記憶しやすくなる。この処理は，例えば「1945年に終戦した」のように，長期記憶と関連付けることで更に促進され，三つのチャンクが一つの複合的なチャンク（例えば「2025年は終戦から80年後である」）として結び付けられる。ワーキングメモリの容量は限られているにもかかわらず，このような操作によって複雑な情報を処理することが可能となる（Miller, 1963）。

　このことは文の理解でも当てはまる。文内の個々の単語を記憶するのは難しいが，それぞれの単語の関連付けを繰り返し行い，名詞句や動詞句，節のように更に複合的な一つのチャンクを作り上げる。このように一つの複合的なかたまりとして意味理解をすることを閉鎖（closure）という。閉鎖によって，ワーキングメモリ内に保持された単語一つ一つの意味が統合され，大まかな意味のみを抽出し，個々の単語はワーキングメモリ内から削除される。つまり，言語理解とは漸進的（incremental），いわば即時的に行われるのであり，文の意味理解は，文が終了してから行われるわけではない。文を読み始めると同時に，それぞれの語彙を関連付けていき，そして，長期記憶と結

---

[4] この点に関する議論や異なる見解はClahsen & Felser（2006a, b, c）を参照されたい。

びつけながら，複合的なかたまり，つまり，意図された意味の全体像を作り上げていく。チャンクを作り上げる過程で，それぞれの語彙の情報は失われ，最終的に文全体が意図する意味は覚えているが，個々の単語に関しては正確には覚えていない[5]。

このことから，情報処理は人間の認知構造に基づくものであることが示唆できる。そして，全ての人間言語に対して単一の処理のアルゴリズムがあるという，普遍処理仮説（Universal Parsing Hypothesis，以下 UPH）を導き出すことができる。この仮説は，全ての言語で情報処理は同様である，という仮定に基づく。処理される言語に関わらず，ワーキングメモリの容量制限のような制約は同様に存在するはずである。そして，情報の保存や再生も言語に関わらず同様に行われるだろう。更に，言語によって言語知識が異なるとしても，言語知識の使用方法は同じはずである。

例えば，言語によって文内の動詞の位置が異なるが，漸進的な処理はどの言語の理解においても普遍的な特性である。特に，英語のような VO（Verb-Object）語順の言語では，動詞とその項構造は，動詞の後ろに続く補語を予測するために役立つが，日本語のような OV（Object-Verb）語順の言語では，補語とその格助詞や有生性によってどのような動詞が現れるかを予測することができる。このように，言語によって，使用される情報（英語の場合は項構造，日本語の場合は格助詞や有生性）は異なるのである。また，予測される情報も異なる。英語では補語が予測されるが，日本語では動詞が予測される。しかし，いかなる言語の母語話者においても，すでに読んだ，もしくは聞いた語彙を処理し，次に現れる語彙を予測可能とする情報を利用する過程は同様なのである[6]。

3. 質問紙と読み時間

従来の L2 における研究では，学習者が目標言語に関するある知識を獲得したかどうかについて調べるためには，目標言語の文に対して判断を行うこ

---
5 記憶に残る情報については，Anderson（1974）及び，その参考文献を参照されたい。
6 主要部先行型言語と主要部後行型言語における文法的要素と漸進性に関する議論については，Miyamoto（2008）を参照されたい。

とで十分だと捉えられてきた。このような方法で行われた先行研究の一例として，Johnson & Newport (1989) では，英文を音声提示し，実験参加者に文の文法性を判断させた。その結果，英語を L2 とする学習者の文の非文法性に気づく能力は，渡米した年齢に基づくことがわかった。学習者の文法性に対する正確さは，渡米した年齢が幼少期から思春期に向かうにつれて緩やかに減少する。そして，思春期を超えると平均して急激に減少する。

　これらの結果は，思春期以前に渡米した学習者は文法性に対する正確さが平均して高く，思春期以降に渡米した学習者は正確さが平均して低いと要約することができる。しかし，この場合，結果を理解するためには平均値のみでは不十分である。結果を理解するための数値として，他に標準偏差，つまりばらつきにも注意する必要がある。実験参加者間のばらつきは，渡米年齢の早い参加者間では小さく，渡米年齢が高い参加者間では大きかった。このばらつきに関する結果は言語獲得における臨界期仮説を支持すると言える。つまり，言語学習が自然に生じる年齢は生物学的要因によって決定づけられる[7]。

　L2 学習者はこのような結果に落胆し，新しい言語を学習するには年齢的に遅いと感じるかもしれない。思春期以前と以降の実験参加者の平均値を提示しただけでは，絶望感をもたらすだけだろう。しかし，実験参加者のばらつきからは異なることが言える。思春期以前における言語学習はたやすいものであり，健常な子どもであれば，接している言語を確実に獲得する。思春期以降になり，大人として新しい言語を学習する場合は，明示的な文法説明がしばしば必要となる。また，渡米年齢以外の要因も影響するため，最終的な L2 の能力は非常に様々である。つまり，思春期以降に言語学習を始めた学習者にとって絶望的な運命というわけではなく，懸命に勉強することで失ってしまった神経の可塑性はある程度乗り越えられる。

　質問紙のデータのようなオフラインでの判断によって，学習者の知識の幅や知識の限界に関わる有益な情報を得ることができるということは，ここまでの議論から明らかである。オフラインでの判断とは，文全体を聞いたり，読んだりした後に行う判断のことである。しかし，この章での目的を果たす

---

[7] 概要については Hyltenstam & Abrahamsson (2005) を参照されたい。

ためには質問紙には決定的な制限がある。質問紙では，学習者の持つ知識について測定をすることは可能であるが，学習者がその知識をどのように使用することができるのかについては測ることができない。

対照的に，なにかを読むときに費やす時間，つまり読み時間を計測することで，学習者のL2の知識の使い方について測定することが可能となる。以降の節では，L2学習者のL2における読み時間の結果が目標言語の母語話者の結果と非常によく似ていることを述べる。

まず，日本語をL2として学習する中国語母語話者は，日本語の関係節を読む際に日本語母語話者と同様の傾向を示すことを紹介する。つまり，日本語学習者は日本語の主語関係節よりも目的語関係節を読む際に，読み時間に遅延が見られることを述べる。次に，英語をL2として学習する日本語母語話者から，数の一致に対して英語母語話者と類似する読文傾向が確認されたことを記す。つまり，英語学習者でも非文法的な一致現象を含む英語の文を読む際に遅延が見られることを論じる。読み時間を用いたこれら2例の調査結果より，質問紙の調査ではわかり得ないL2学習者の読文能力について，明らかにすることができる。

また，この2例は文理解において，それぞれ異なる点に焦点を当てている。関係節は統語構造に関わる事例だが，一致現象は名詞と動詞の数の素性に関する現象であるということである。

4. 関係節

関係節（relative clause, 以下RC）は様々な面からワーキングメモリに関わる資源に負担をかけることから，興味深い現象である。(1)は関係節の例である。

(1) 　The man *who the woman from Fukuoka met* lives in Tokyo.

まず，RCの部分であるwho the woman from Fukuoka metは主節の理解の妨害となっている。読み手はRCの処理を行い，主節の動詞であるlivesが処理されるまで，主語であるthe manをワーキングメモリ内に保持しなけれ

ばならない。加えて，RC が修飾している名詞，すなわち被修飾名詞である man は RC 内の動詞 met の目的語として存在していた場所（空所）と依存関係を結ばなければならない。そのため，被修飾名詞 man は空所との依存関係が成立するまでワーキングメモリ内に保持されなければならない。ここでは，後者である空所との依存関係について述べる。

　少なくとも 1970 年代より，英語，フランス語やその他のヨーロッパの言語では，(2a) で示された主語関係節（subject relative clause, 以下 SRC）は (2b) で示された目的語関係節（object relative clause, 以下 ORC）よりも理解しやすいことが報告されてきた（Holmes & O'Regan, 1981; King & Just, 1991 等）。

(2) a.　Subject relative clause（SRC）: the man that saw Mary
　　b.　Object relative clause（ORC）: the man that Mary saw

　SRC の理解のしやすさについては，被修飾名詞（man）と，もともとその名詞が存在していた場所，つまり空所との間の距離の長さ，すなわち依存関係にある要素間の距離の大きさから説明することができる。主語の位置に空所がある場合の例として (2a)，目的語の位置に空所がある場合の例は (2b) であり，構造は (3) のとおりである。◇は被修飾名詞の空所を示している。

(3) a.　SRC: the man that ◇ saw Mary

　　b.　ORC: the man that Mary saw ◇

依存関係にある要素間の距離が大きいほど，被修飾名詞と空所の間に多くの語彙が存在し，それらが干渉してくると考えられるため，処理が難しいといえる（Gibson, 1998; King & Just, 1991; Wanner & Maratsos, 1978）。そのため，RC はワーキングメモリのモデルに関する仮説を検証するために有効な現象である。

　もう一つの興味深い点として，RC は言語の持つ埋め込み節内の語順と被

修飾名詞に関わる埋め込み節の語順によって，構造が異なる点である。例えば，英語の埋め込み節は SVO（Subject-Verb-Object）語順であり，被修飾名詞の後ろに埋め込み節である RC が現れる。それに対して，日本語では，埋め込み節は SOV（Subject-Object-Verb）語順であり，被修飾名詞の前に埋め込み節である RC が現れる。そのため，ワーキングメモリのモデルの観点によると，日本語では依存関係にある要素間の距離が大きいことから，SRC は ORC よりも理解が難しいことが予測される。日本語のそれぞれの RC の例は (4) で示すとおりである。

(4) a. SRC: ◇佐藤君を愛していた女の子
    b. ORC: 佐藤君が◇愛していた女の子

表1は，語順と RC の被修飾名詞の現れる位置と，研究されている言語の例をまとめたものである。有生性などの要因も RC の理解に必要な時間に影響するが（オランダ語に関して：Mak, Vonk & Schriefers, 2002，英語に関して：Traxler, Moris & Seely, 2002），RC の被修飾名詞と，RC 内の名詞の両方が人間の場合では，被修飾名詞の後ろに RC が現れる言語に関するワーキングメモリのモデルの予測は表1の1行目のとおりであり，先行研究の実験によって支持されている。

表1 4種類の言語とワーキングメモリのモデルによる予測

		埋め込み節内の語順	
		SVO	SOV
RC の位置	被修飾名詞後	SRC 優位（英語：King & Just, 1991）	SRC 優位（オランダ語：Mak et al., 2002）
	被修飾名詞前	ORC 優位（中国語）	ORC 優位（日本語，韓国語）

韓国語の研究（Kwon, Lee, Gordon, Kluender & Polinsky, 2010）及び，日本

語の研究（Miyamoto & Nakamura, 2003; Ueno & Garnsey, 2008）では，SRCの優位性が確認されている[8]。しかし，これらの言語に対して，ワーキングメモリのモデルによる予測では，表1の2行目の右列で示されているようにORC優位であり，SRCの優位性はこの予測に反するものである。この結果から次の可能性が考えられる。主要部後置型言語では埋め込み節の終了部分，すなわち，埋め込み節の述部で常にチャンキング，つまり閉鎖が行われる。その結果，ワーキングメモリから単語が削除され，ワーキングメモリの負荷が文処理に影響しなくなり，他の要因が処理の難しさを決定づけることになることが考えられる（Miyamoto, 2016）。

　日本語や韓国語と同様に，中国語ではRCが被修飾名詞に先行するため，埋め込み節の終了部分で閉鎖が行われるはずである。しかし，中国語には二つの交絡因子，つまり上記で指摘された要因以外に影響を与える可能性のある他の要因が存在する。まず，語順が様々であり，多くの構文は主要部先行型である。そのため，閉鎖が常に節の主要部で行われるとは限らない。次に，RCは主要部後置型ではあるものの，埋め込み節の終了部は機能語でマークされており，短時間で読まれてしまうため，閉鎖が行えるほどの余裕がない。これらの特異点から，中国語のRCに関してワーキングメモリのモデルに基づく予測と矛盾する結果が報告されていることが説明できるだろう[9]。

　日本語では全ての構文が主要部後置型であるため，閉鎖を常に節の主要部で行うことができる。また，関係節では埋め込み節の終了部分は活用変化した述部で終わるため，閉鎖が行われるのに十分な読み時間を確保できる。更に，閉鎖のための操作は，処理のメカニズムでは普遍的な性質である。そのため，上級日本語学習者は埋め込み節の終了部で閉鎖を行い，被修飾名詞を読むときには，依存関係にある要素間の距離の長さによる文理解に対する負荷を無くすことができるはずである。この予測が正しい場合，学習者も日本語のRCを読む際に，日本語母語話者と同様に（4a）のようなSRCを（4b）

---

[8] 例外的な先行研究として，Ishizuka, Nakatani & Gibson（2006）があるが，この結果は再現されておらず，Gibsonによって取り下げられている。詳細についてはKwon et al.（2010）の脚注12を参照されたい。

[9] Vasishth, Chen, Li, & Guo（2013）及びその参考文献を参照されたい。

のような ORC よりも好むはずである。この予測は次で説明する自己ペース読み時間実験により検証された（Tsujino & Miyamoto, 2016）。

4.1　実験 1：第 2 言語としての日本語の関係節

　実験には 15 名の中国語母語話者が参加した。実験参加者は筑波大学で開講されていた最上級の日本語のクラスを受講した経験がある上級日本語学習者である。実験参加者は，(5) で示されているような X と Y という二人の人物が写真を見ながら行っている会話を読むように指示された。

(5) a.　前文脈：
　　　　X：　この人はだれですか？
　　b.　返答：
　　　　Y：　佐藤君を愛していた女の子です。(SRC)
　　　　Y：　佐藤君が愛していた女の子です。(ORC)

　Y の返答では，SRC もしくは ORC のどちらかを含み，分析対象となる文である。曖昧性及び，実験参加者が Y の返答を読んだ際に RC 以外の解釈が出ることを避けるために，会話という文脈を設定した[10]。

　実験の予測としては，UPH に従う場合，学習者は日本語母語話者と同様の処理をしているため，(5b) の返答を読んだ際に ORC よりも SRC の返答で読み時間が速くなるだろう。

　計 24 ペアの会話が用いられたが，ここでは 15 ペアの結果を報告する（全ての会話のペアを含めた結果でも同様の読み時間の傾向が見られた）。15 ペアは日本語母語話者を対象として行った二つの予備調査の結果から選択された。予備調査の一つは自然さ判断の質問紙である（条件間による自然さに差は見られなかった；SRC: 1.54, ORC: 1.65; 累積リンクモデル：$p = .384$）。もう一つは文完成課題であり，SRC, ORC を問わず 98％以上で適切な回答が得られた。

　24 のテスト項目はラテン方格法に基づき，2 リストに分けられた。ラテ

10　詳細については Miyamoto & Tsujino (2016) を参照されたい。

ン方格法を使用することで，各実験参加者は両方の条件，つまり SRC と ORC を見ており，且つ一つの項目は一回しか見ていない。つまり，テスト項目が 24 ペアあるため，各実験参加者は SRC と ORC を 12 項目ずつ見ることとなる。そして，同じ会話のテスト項目でも，SRC と ORC はそれぞれ別々のリストに分けられた。一つのリストには 24 のフィラー項目も含まれた。

　24 のフィラー項目はテスト項目の会話文に従って作成された。RC の部分は所有格（例：山田さんの後輩のゆうた君です。）や複数の文（例：歌手の大木さんです。遠藤さんの知り合いです。）などの構造に変更された。

　Doug Rohde が作成したプログラムである Linger (http://tedlab.mit.edu/~dr/Linger/) を使用し，文ごとに提示する自己ペース読文実験が行われた。実験参加者が L2 学習者であるため，文ごとに提示する方法が使用された。読文実験では，文の提示方法として単語ごとに提示することが可能であるが，L2 学習者にとっては難易度が高いと判断し，文全体を一度に提示する方法をとった。

　この章で報告されている全ての統計分析は R (R Core Team, 2015) を使用して行われた。

4.1.1 結果と考察

　線形混合モデルによって解析された読み時間の結果は次のとおりである。(5a) で示されている前文脈の「この人はだれですか？」の文の読み時間では，RC に関わる見せかけの有意差は確認されなかった ($p = .4$)。分析対象となる文である (5b) の返答部分では，ORC よりも SRC の構造を含んでいる場合に，読み時間が有意に速かった ($p = .013$)。この結果は，UPH の予測に従うものであり，また日本語母語話者の結果[11]と類似した傾向となった。

　他に三つの要因がモデルに影響を与えているにもかかわらず，SRC の優位性が確認できた。要因の一つとして，母語話者に対する予備調査で得られた自然さの評価値がある。評価値が高いほど，L2 学習者の読み時間も速くなった ($p = .049$)。二つ目の要因として，文の文字数が多くなればなるほど，

11　詳細については Miyamoto & Tsujino (2016) を参照されたい。

読み時間が遅くなった ($p = .04$)。これら 2 要因は驚くべきことではなく，より自然な表現で短い文が速く読まれるだろうという直感と一致する。三つ目の要因は，試行回数が増えるごとに，読み時間が速くなることだ ($p < .003$)。これも驚くべきことではなく，実験参加者は実験が進むにつれて慣れが生じ，読み時間が速くなっていったことが推測される。

　これらの結果より，中国語母語話者も RC を含む日本語の文を読む際には，ORC よりも SRC のほうが読み時間が速く，これは先行研究で報告されている日本語母語話者の結果と類似している (Miyamoto & Nakamura, 2003; Miyamoto & Tsujino, 2016; Ueno & Garnsey, 2008 等)。この結果から示唆される可能性の一つとして，本実験に参加した中国語母語話者が例外的であり，言語を問わず SRC を好むということが考えられる。この可能性を検証するために，中国語による実験も実施された。日本語の実験を行ったのちに，中国語母語話者は中国語による自己ペース読文実験にも参加した。この実験は，先行研究で行われた中国語の実験 (Gibson & Wu, 2013) を再現したものであり，結果として SRC よりも ORC を速く読むことがわかった[12]。

　つまり，今回の実験に参加した中国語母語話者は中国語による RC を読む際には ORC をより速く読み，日本語による RC を読む際には SRC をより速く読むことがわかった。これらの結果より，L2 学習者は，母語においては他の中国語モノリンガル母語話者と同様の L1 の処理の優先傾向を保持しながら，L2（ここでは日本語）においても RC のような複雑な統語構造を処理することが可能であることが言えるだろう。これは，全ての言語に対して単独のパーサーが存在するという推測のもとでは当然の結果である。中国語と日本語の処理のアルゴリズムが同一のもので，上級レベルの日本語の知識を持つ中国語母語話者が日本語の文を読むのであれば，日本語母語話者の文処理の優先傾向と類似する傾向を見せるはずだ。

　しかし，この結果は次の 2 点から予備的なものだと言える。まず，結果の分析の際に，学習者の L2 能力の詳細な得点を要因として含めていない点である。次に，単語ごとの読み時間ではなく文全体の読み時間のみが計測された点である。そのため，L2 学習者は文内のどの単語で読み時間に遅延が

12　詳細な議論は Tsujino & Miyamoto (2016) を確認されたい。

見られるのか，具体的には Miyamoto & Tsujino (2016) の日本語母語話者の先行研究の結果のように，被修飾名詞もしくはその直後で読み時間に遅延があるかどうかを確認する必要があるだろう。これらの点を考慮にいれた実験は現在準備中である。次の節では，英語の数の一致を使用した，学習者のL2能力の得点を含んだ単語ごとの読み時間の分析について議論する。

5. 数の一致

　ここで取り扱う英語学習者における数の一致については多くの研究が行われている。日本語を含むその他の数の一致が見られない言語を母語とする話者では L2 として英語の文を読む際に，非文法的な数の一致には気が付かないことが，様々な研究で報告されている（Jiang, 2004; Jiang, Novokshanova, Masuda, & Wang, 2011 等）。しかし，このような英語母語話者と学習者の違いは，目標言語に関する知識の不完全性及び読み時間におけるスピルオーバー効果（spillover effect）の 2 点から説明することができる。

　前節では，関係節の依存関係に関わる処理の際のワーキングメモリの使用について議論を行った。本節で取り扱う数の一致現象，とりわけ，主語動詞間の数の素性の処理について調べることで，ワーキングメモリの使用に関してより詳細に調査することができる。

5.1　数の一致の処理とワーキングメモリの使用

　英語における数の一致は比較的単純であり，上級英語学習者のほとんどが理解している興味深い現象である。また，数の一致はしばしば重複するものであり，意図された意味を理解する上では不要なものでもある。そのため，数の一致は内容を理解する上で大きな影響を与えるものではないと学習者は推測し，無視するかもしれない。数の一致に関する知識は単純なものかもしれないが，この現象によって，英語学習者が以下の手順を辿りながら英語の文を正しく処理しているかどうかを確認することができる。

(6) a. 主名詞と動詞の 2 要素がワーキングメモリに保存されなければならない。
　　b. この 2 要素はそれぞれ正しい数の素性を伴って，適切に表示されていなければならない。
　　c. 統語的な表象は，どの要素が関連しあっているかを明確にするために詳細でなければならない。
　　d. 関連しあう 2 要素は数の素性をお互いに確認し，一致することを確かめるために再生されなければならない。

　英語における数の一致に関しては多くの研究が行われている。例えば，英語母語話者は文内の were，もしくはその直後の単語を読む際に，(7b) よりも非文である (7a) のほうが読み時間が遅くなることがわかっている[13]。

(7) a. *The cake with the cream were baked for forty minutes.（非文）
　　b. 　The cakes with the cream were baked for forty minutes.（正文）

　もし英語学習者が英語の主語動詞の一致についての知識を獲得しているのであれば，学習者にも英語母語話者と同様の遅延が確認されることが UHP から予測できる。母語の転移の可能性を避けるために，日本語や中国語のように数の一致が見られない言語を母語とする英語学習者についてここでは注目する。そして，思春期もしくはそれ以降に言語学習を開始した後期学習者を対象として議論を行う[14]。
　学習者が一致現象を正しく処理できない原因は複数考えられる。一つとして，学習者が必要な知識を獲得していない可能性である。この場合であれば UPH に適合するため，実験参加者である学習者が分析対象としている文法現象の知識を十分に理解できるほど上級の学習者であることを確認すれば良

13　このような構造に関する文理解及び産出について関連する結果や議論，特に (6d) で示された数の一致に関連する名詞の再生という現象（牽引現象：attraction phenomena）に関しては Wagers, Lau & Phillips（2009）及びその参考文献を参照されたい。
14　学習開始年齢による学習の違いについては Hyltenstam & Abrahamsson（2005）を参照されたい。

いのである。L2学習者は，自分の母語に存在しないL2の機能形態素を学習することができないと言われている（Jiang et al., 2011）が，この主張は名詞句内の一致現象を検証した実験結果によって，反証されている（Wen, Miyao, Takeda, Chu, & Schwartz, 2010）[15]。そのため，L2学習者は（6ab）で記したようにワーキングメモリ内の要素において正確に数の素性を表すことができると考える。

　しかし，UPHに従わない可能性も考えられる。それは，L2学習者の文処理は母語話者のものと本質的に異なる可能性である。すなわち，学習者がいくらL2を学習したり，L2に接触したりしたとしても，母語話者のような文処理ができない可能性である。特に学習者は，浅い，つまり不完全で簡素化された，目前の課題をこなすためだけに十分な表象を作ると言われている[16]。換言すれば，L2学習者は（6c）の過程で失敗するのである。

　このような浅い表象が一般的にどの程度簡素なのかについては不明確だが，L2としての英語による一致現象の先行研究では，（7）のwith the creamのような前置詞句（prepositional phrase, 以下PP）などの複雑な構造が動詞と数の一致関係のある主名詞の間に介在する場合，学習者は主語動詞の関係を把握することができないと言われている（Wen et al., 2010）。特に，学習者は（7）の例では，主名詞cakeと前置詞句であるwith the creamの間に階層的な関係を持たず，簡素で平坦な構造を作ると考えられる。この場合，学習者は動詞と最も近い位置にある名詞，つまりcreamを関連付けようとする。その結果として，（7）では両者の文で文処理にかかる時間はどちらも同様に遅くなるか，同様に速くなるはずである。文処理に時間がかかる場合は，動詞がどちらの文においてもcreamと一致しない活用変化であるためであり，文処理が速い場合は，正しい動詞の活用変化が取り出されず，名詞の数の素性と動詞の一致が確認されないためである。

　学習者が浅い表象を用いる理由は複数考えられる。一つの可能性としては，学習者はワーキングメモリのような認知資源を管理しながらL2の文を処理することを常に苦手とし，その結果，学習者は浅い表象を使わざるを得

15　Wen et al.（2010）によると，先行研究ではL2学習者の最新の英語の熟達度が示されなかったために，単純な構造内に存在する一致を把握できなかった可能性を示唆している。
16　詳細についてはClahsen & Felser（2006a）を参照されたい。

なくなるのである。もう一つの可能性は、学習者はL2の知識へのアクセスが困難であるということである。特に、学習者は関連する情報（この例では、動詞の単数形であるwasが正しくなること）を取り出すことが困難になるのである。十分な時間が与えられた場合であれば、学習者は動詞の正しい活用形が何かを述べることができるだろう。しかしながら、学習者がL2の文を読む際には、このような情報を素早く呼び出し、使用することができない（学習者は毎秒2, 3単語を読むことができるが、動詞の正しい活用形を呼びだすにはそれでは短すぎるのだろう）。このような場合、学習者は動詞の活用形を無視し、意図された意味の抽出に集中するだろう。これは、文の意味を理解するためには不要で、しばしば重複されるような一致に関しては特に当てはまることだ。

5.2　語彙ごとの読み時間の計測

　4節では文全体の読み時間について紹介し、日本語学習者は、先行研究で報告されている日本語母語話者の結果と類似する優先傾向を示すことを明らかにした。この節では、更に詳細な現象を確認していく。具体的には、L2として英語の文を単語ごとに読んだ場合の処理についてである。学習者にとって処理が難しい単語を読んだ場合、読み時間に遅延が見られるという予測が立てられる。例えば、(8a)のような非文法的な文と、(8b)のような文法的な文の読み時間をそれぞれ計測したとしよう。

(8)　a.　*The cake were baked for forty minutes.（非文）
　　　b.　The cakes were baked for forty minutes.（正文）

　文頭の単語は、両者の文において同様の語彙theであることから、文法性に関わらず(8a, b)のそれぞれで読み時間に相違は無いはずである。文頭から2番目の語彙では、(8b)のcakesで、(8a)のcakeよりも読み時間に遅延が見られるはずだろう[17]。この遅延については様々な理由が考えられる。例

17　英語母語話者の結果についてはWagers et al. (2009)、英語学習者の研究についてはJiang (2004)を参照されたい。

えば，単数形と比較して複数形のほうが，より複雑な意味を伴い，通常頻度が低く，また複数接辞 -s があるため文字数が長いことが挙げられる。

分析対象となる重要な部分は 3 番目の語彙であり，読み手の非文法性に対する敏感さが比較できる部分である。ここで疑問となるのが，読み時間の相違である。文法的な (8b) と非文法的な (8a) で，ともに同じ語彙である were を読んでいるが，その際に (8a) の読み時間は (8b) と比較して遅延が見られるのだろうか。この読み時間を比較することで，読み手が数の一致について把握していることを確認することができ，数が一致していない場合は読み時間に遅延が見られるはずである。

しかし，このことを確認するためには，(8a) のような文のみを用意するだけでは十分ではない。読み時間に遅延が見られたことを明らかにするためには，遅延が見られると推測される文の読み時間を，コントロール文の読み時間と比較する必要がある。上記の例では，(8b) がコントロール文となり，基準となる。

更に特筆すべき点としては，(8) のような比較ではなく，以下のような文の比較をすることも可能であるということである。

(9) a. *The cakes was baked for forty minutes.（非文）
　　b.　The cake was baked for forty minutes.（正文）

(9) の例でも同様に，非文法的な (9a) は文法的な (9b) よりも動詞の部分で読み時間に遅延が見られるはずである。しかし，この比較における問題点としては，数が一致していないこと以外にも他に影響を与える要因があることが考えられることである。複数形の名詞（例：cakes）は通常単数形よりも読み時間に遅延が見られ，更にその遅延は複数形の名詞の次に続く語彙にも引き継がれる可能性がある。つまり，スピルオーバー効果が生じうるのである。そのため，(9a) の動詞の部分で読み時間に遅延が確認されたとしても，それが非文法的な数の一致に起因するものなのか，動詞の直前にある複数形の名詞に起因するものなのかが不明確である[18]。

18　このようなスピルオーバー効果に関する問題点については，混合効果モデルで共変量

ここで，次の2点について記しておきたい。まず，予測したとおりに読み時間の遅延が確認できたとしても，その遅延を説明できる他の要因，つまり交絡因子が確実に排除されている状態でなければならない点である。この点については，分析対象となっている語彙だけではなく，その前の語彙からの読み時間の遅延が引き継がれることがあるため，特に注意が必要である。そのため，比較する文はよく熟慮した上で選択するべきであり，文内のそれぞれの語彙が読まれたときに何が起こり得るかを考慮する必要がある。

　次に，具体的な予測をすることが可能だという点である。上記の例では，(8a)は(8b)と比較して読み時間が遅くなるという予測のほかに，具体的に文内のどの部分で読み時間の遅延が確認されるかという点も予測可能である。例えば，(8a)では3番目の語彙で初めて数の一致が確認できるため，この部分で読み時間の遅延が確認されることが予測できる。しかし，この予測は常に正確ではなく，読み時間の遅延は，予測通りに分析対象となっている語彙（ここでは動詞）のみで観察されることもあるが，その語彙に続く語彙でも確認される可能性もある。

　更に，分析対象となっている語彙では遅延が確認されず，その直後の語彙（例：baked）で遅延が確認される可能性もある。読み時間の遅延が分析対象の語彙のあとの語彙で確認されることについては，様々な理由がある。上記の例では，be動詞であるwasとwereが分析対象の語彙である。これらは頻度の高い語彙であり，素早く読まれる傾向にあるため，読み時間の遅延を確認するのが容易ではない。それでもなお，分析対象である数の一致現象に関わる読み時間の遅延は動詞，または動詞の直後で確認できると予測することができると言える。

　次の節では，このような読み時間の比較を行い，英語母語話者を対象とした先行研究ですでに明らかとなった読み時間の遅延と同じように，英語学習者でも読み時間の遅延が見られるかについて詳述する。

5.3　実験2：第2言語としての英語における一致現象

　実験は(7a)のような非文の動詞の部分で学習者の読み時間に遅延が見ら

を使用した分析が行われているWagers et al.（2009）を参照されたい。

れるかを確認するために行われた[19]。もし遅延が確認されたとしたら，一致現象が文の意味を理解する際には不要な環境においても，学習者は主語動詞の一致関係における非文法性に気づくことができることを示唆する。

11才もしくはそれ以降に英語を学習した26名の日本語母語話者が実験に参加した。全員が筑波大学の学部生である。

英語母語話者における先行研究 (Pearlmutter, Garnsey & Bock, 1999; Wagers, Lau & Phillips, 2009) で使用されたテスト項目に基づき，(10) のような文 ((7) の再掲) を16ペア用意した[20]。

(10)
領域：　　　1　2　3　4　5　6　7　…
 a. 非文： The cake with the cream were baked for forty minutes.
 b. 正文： The cakes with the cream were baked for forty minutes.

テスト項目で使用された語彙で特にcakeやcreamのような分析対象となる重要な名詞は，実験参加者が履修したことのある授業で使用された教科書及び，実験参加者の語彙レベルに関して知識のあるボランティアの意見に基づき選別された。

UPHに従うのであれば，学習者は英語母語話者と同様に数の不一致に不自然さを感じ，(10b) よりも (10a) の領域6以降で読み時間に遅延が見られるだろう。

テスト項目のペアの語彙は，第一名詞以外は全て一致する。第一名詞は非文の条件では単数形で表示されている。16ペアのテスト項目はラテン方格法に基づき，各実験参加者は正文と非文をそれぞれ8文ずつ提示された。16のテスト項目は80文のフィラー文とともに提示された。実験参加者が，非文法性が実験対象となっていることに気づく可能性を低くするため，フィラー文は全て正文であった。

読み時間の実験を行った後に，実験参加者はCテストに回答した。Cテ

19　詳細については Wilson & Miyamoto (2015) を確認されたい。
20　本節で調査対象としている現象と同様の構文のL2学習者に関わる研究については Jiang (2004) の実験2及び Yamada & Hirose (2012) を参照されたい。

ストとは，穴埋め形式のテストである。穴埋めの対象となる単語の前半部分は印刷されており，単語の後半部分のアルファベットを埋めるように指示される。使用されたCテスト（Babaii & Shahri, 2010）は満点が100点となっており，適切に穴を埋め，完成させられた1単語を1点と数える。Cテストは英語の熟達度（proficiency）を測定するために実施された。

5.3.1 手順と分析

移動窓方式（moving window）を用いた非累積的な自己ペース読み実験はDough Rohdeによって作成されたソフトウェアLingerを利用して行われた。語彙ごとにキーボードのボタンを押すことで，読み時間を計測した。各文の読文後に，数の一致とは関連のない，文の内容に関する正誤の内容理解質問文を提示した。内容理解質問文で誤った回答が得られた項目の読み時間は分析から除外された。

読み時間は線形混合モデルによって解析された[21]。独立変数は，文法性，Cテストの点数，文字数である。

5.3.2 結果

結果は次のとおりである。まず，条件間による実験参加者の理解テストの正答率には有意な差は確認されなかった（ロジステック混合効果モデル分析を使用：$ps > .2$；実験参加者の正答率は，16のテスト項目に対しては75〜100%，80のフィラー文を合わせた計96文では77%〜97.7%であった）。

次に，主な領域の読み時間の結果を述べる。2番目の領域では，単数形の名詞（例：cake）のほうが複数形の名詞（例：cakes）よりも読み時間が速かった（$\beta = -390, p < .001$）[22]。また，この領域では，Cテストの主効果が確認された。Cテストの成績が高い実験参加者は読み時間が速くなることがわかった（$\beta = -10.1, p = .007$）。つまり，Cテストの得点が1点上がるごとに，読み時間は10.1ms速くなる。同様の傾向が7番目の領域でも確認された（baked; $\beta = -9.2, p = .002$）。

---

21 詳細についてはWilson & Miyamoto (2015) を参照されたい。
22 英語母語話者に対する実験結果の類似する傾向についてはWagers et al. (2009) を，英語学習者の研究についてはJiang (2004) を参照されたい。

UPHの予測を確認するために分析対象となる領域6は，be動詞のwereのある部分である。しかしながら，この領域では有意差は確認されなかった[23]。Be動詞の次の領域（例：baked）では，文法性とCテストで有意な交互作用が見られた（$\beta= 6.6, p = .018$）。この交互作用により，Cテストの得点が高い実験参加者ほど，非文法的な文を読む際に読み時間が遅くなることが言える。より具体的には，Cテストで得点が1点上がるごとに，(7b)の文法的な文に対して，(7a)の非文法的な文を読んだときの読み時間の差が6.6ms大きくなる。

この交互作用について，追加の分析を行った。連続変数であるCテストの得点の中央値を基準に，それぞれが13名からなる2グループに分類し，対比較を行った。その結果，Cテストの得点が低い場合は，文法性の主効果が確認されなかった（$\beta= -83.02, p > .1$）。しかし，Cテストの得点が高い場合は，非文法的な文は文法的な文よりも読み時間に遅延が見られた（$\beta= 173.19, p = .007$）。

本実験と同様の構文を使用している先行研究では，有意差は確認されなかった（Jiang, 2004：実験2）。しかし，この研究では実験参加者の英語の熟達度を考慮に入れずに分析を行い，それゆえに実験参加者間でのばらつきが大きくなってしまったことが原因と考えられる。

5.4 考察

高い熟達度を示す英語学習者は，自分の母語である日本語では主語と動詞の間に数の一致現象がないものの，英語における非文法的な一致現象に対して敏感であることが明らかとなった[24]。本実験では実験参加者は文法性判断を行うように指示されておらず，提示された文のうちのほとんどである88文が文法的な文，残りの8文のみが非文法的な文であった。そのため，実験参加者は非文法性に注意しながら実験に参加したとは考えにくい。

得られた結果から次の3点が示唆でき，5.4.1以降では更なる考察を行う。

---

23 英語母語話者における同様のスピルオーバーのパターンについてはWagers et al. (2009)を参照されたい。
24 関連する構文を使用した研究についてはYamada & Hirose (2012)の考察を参照されたい。

まず，L2 学習者は，L2 を処理するにあたり，Clahsen & Felser (2006a) で言及されているような浅い表象よりも高度な表象を構築できる点である。次に，学習者の L2 の熟達度は読み時間の分析において重要な要因であるという点である。最後に，特に L2 学習者の分析に際しては，スピルオーバーは考慮されるべき重要な要因であるという点である。

5.4.1 「十分な構造」だけでは不十分

　Clahsen & Felser (2006a, b, c) の Shallow Structure Hypothesis（以下 SSH）によると，L2 学習者は，隣接する語彙と語彙の意味情報に基づいて，簡略化された表象 (good-enough representation) のみを構築することができるとされている。もし実験参加者が，Clahsen & Felser (2006a) で述べられているように，目の前のタスクをこなすために十分事足りるような簡素な表象のみを作るのであれば，学習者の表象では複数接辞は含まれていないはずである。そして，本実験での内容理解質問文に回答する上では必要のない一致関係は無視することができたはずである。事実，実験で使用した 96 文の全てで，主語動詞の数の一致は，文の意味を理解する上では不要であり，文内で余分な情報である。それにもかかわらず，L2 学習者は非文法的な一致を含む文において読み時間に遅延が見られた。このことから，学習者は複数接辞と一致関係について実際は把握していたことが推測できる。しかし，結果を説明できる解釈としてもう一つの可能性が考えられる。それは，動詞以前の名詞が一つでも複数形で表示されていると，文法構造に関わらず L2 学習者は動詞も同じく複数形であることを期待してしまう，という可能性である。この可能性が正しければ，The cake with the creams was という箇所では読み時間に遅延があるはずである。しかし，英語母語話者を対象とした Wagers et al. (2009) の結果と同様に，現在実施中の L2 学習者を対象とした実験の結果では，複数形である creams では読み時間が遅くなるものの動詞の部分では読み時間に相違がないことを示している。

　そのため，L2 学習者は the cake with the cream was を読んだ際に，動詞と一致するべき名詞は cream ではなく cake である，ということがわかるほどに十分詳細な統語構造を構築しているはずだ。Wen et al. (2010) やその参考文献の主張に反して，学習者は複雑な PP（例：with the cream）が主語と一致

するべき動詞の間に介在する場合でも主語動詞の一致が確認できたのである。概して，(6)で言及された全ての手順において成功していた可能性が高いと言える。一致現象の処理の手順において，どの程度学習者が，英語母語話者と類似しているかについては，(6d)に関する一致現象に関連する名詞の再生について裏付ける結果がないため，定かではない。しかし，現在実施中のL2学習者の実験結果から，スピルオーバー効果を考慮した場合には，L1の先行研究 (Wagers et al., 2009) で確認された牽引現象と類似する現象がL2でも確認された。

5.4.2　熟達度

分析対象の領域における読み時間の遅延は熟達度の高い学習者，つまり，Cテストで高い得点を得た学習者らのみで確認された。Cテストで低い得点を示した学習者では読み時間の遅延が見られなかった。これは，実験参加者を高得点群と低得点群の2群に分類し単純化した場合の特性である。この追加の分析は，先行研究でこのような分類が用いられたことから，先行研究との比較をしやすくするために報告された。しかし，この2分類は簡略化されたものであり，線形混合モデルによる分析からはより詳細な結果，つまりCテストの得点が上がるにつれて，読み時間に変化が見られることがわかった。すなわち，読み時間の遅延から明らかとなる非文法的な一致現象に対する繊細さは，熟達度が上がるにつれて，更に増えると言える。

読み時間を説明する要因として熟達度を高得点・低得点のカテゴリーとして扱ったとしても，連続変数として扱ったとしても，相違が確認されなかった先行研究の結果 (Jiang, 2004; Jiang et al., 2011) では，実験参加者のL2の熟達度がそれほど高いものではなかったか，実験参加者の熟達度を要因としてデータ分析に含めなかったことが原因である可能性が，今回の結果から考えられる[25]。つまり，本実験の結果と，先行研究の結果は矛盾しないのである。

今回の結果が正しければ，読み時間のデータを分析する際には実験参加者の熟達度が重要な要因となることが示唆できる。本実験では実験参加者のプロフィールに大きな違いはないのにもかかわらず，読み時間にばらつきがみ

25　関連した議論については Wen et al. (2010) を確認されたい。

られた。また，本実験において，実験参加者を筑波大学のある特定の専攻に所属する1年次の学部生に限定したデータの結果でも，実験参加者のCテストの得点によって，読み時間のばらつきが説明できることが確認された（Wilson & Miyamoto, 2015）。

ここで，熟達度の測定方法について疑問があるかもしれない。Cテストは読み時間と高い相関を示したが，TOEFL-ITPのような，より制度化された英語の能力測定と読み時間の相関ほどは高い相関ではなかった[26]。Cテストの大きな利点は，短時間で実施可能な点である。本実験では予備調査に基づき，実験参加者に15分間でCテストを解くように指示した。対して，TOEFL-ITPではリーディングの部分のみでおおよそ1時間，テスト全体では約2時間必要である。L2熟達度は常に変動しているため（Wen et al., 2010），Cテストを用いることで，読み時間の実験と同日に実施可能で，且つ，そのときのL2熟達度が測定できることが特に重要である。

5.4.3　スピルオーバー効果

先述のとおり，読文実験を実施する前に，どの部分で遅延が確認されるかを予測することが可能である。しかしながら読み時間の遅延は，文法性に誤りがある語彙のみならず，その後ろの語彙にも遅延が引き継がれることは珍しいことではない。本実験では，be動詞wereの部分である領域6で文法的な誤りがあったが，読み時間の遅延はその次の領域である領域7（例：baked）でのみ確認された[27]。このような現象が現れる一つの可能性としては，be動詞の読み時間はとても速く，床効果により読み時間の相違がこの時点では確認できないことが考えられる。床効果とは，全ての数が小さく，差が捉えにくい現象のことである。そのため，be動詞の処理を完全に終える前にその直後の語彙を読み始め，be動詞の部分に存在する非文法性に対する反応が直後の語彙であるbakedでのみ確認されたと考えられる。

このように分析対象の後ろの部分で読み時間が確認されることをスピルオーバー効果と呼ぶが，この効果を確認するためには，テスト項目として採

26　TOEFL-ITPについてはhttps://www.ets.org/toefl_itpを，読み時間とCテスト及びTOEFL-ITPに関する詳細はWilson & Miyamoto (2015) を参照されたい。
27　英語母語話者の実験における同様の傾向はWagers et al. (2009) を確認されたい。

用する文をよく検討する必要がある[28]。(11) で示すような文では本来の調査対象である要因以外に交絡因子としてスピルオーバー効果が確認される可能性があるため，本実験では (10) のような文のみをテスト項目として使用し，(11) で示すような文は採用しなかった。

(11) a. *The cakes with the cream was baked for forty minutes.（非文）
　　 b. 　The cake with the cream was baked for forty minutes.（正文）

　この例では，非文法的な文である (11a) の be 動詞 was の部分で読み時間の遅延が見られると予測することができる。しかし，2 番目の語彙である cakes は複数形であり，読み時間が遅くなる可能性が高い。そして，cakes による読み時間の遅延がその後ろの語彙まで引き継がれる可能性も大いに考えられる。そのため，仮に実験で (11) の文をテスト項目として採用し，(11a) で読み時間の遅延が確認されたとしても，それが複数形の cakes が影響しているものか，非文法的な be 動詞の数の一致によるものかが判断できない。また，(11) の文のペアでは読み時間に相違が確認できない可能性もある。なぜならば，L2 学習者が誤って，be 動詞 was とその直前の名詞 cream の間で数の一致関係を結んでしまう可能性があるからである[29]。
　概して，スピルオーバー効果は L2 学習者のみならず，母語話者の読文実験においても確認されるものである。しかし，L2 学習者は非文法性や難解な語彙の処理から回復するために時間がかかると考えられていることから，スピルオーバー効果は母語話者よりもより一般的だと言えるだろう。そのため，L2 学習者は母語話者と比較すると，より多くのばらつきが確認され，学習者のデータ分析ではより多くの注意が必要とされるだろう。例えば，L2 学習者が (11a) のような文を通常よりもゆっくりと読み始めたと仮定する。この場合の遅延は，1 番目の語彙である the と関係するものだとは考えにくく，これは L2 学習者の L2 読文におけるゆらぎだと考えることができる。このような遅延はその後の語彙に引き継がれる可能性があり，そして分

28　先述された (9) の議論を参照のこと。
29　現在実行中の実験では，学習者に関してこのような可能性は低いことが示唆されている。英語母語話者の実験結果については Wagers et al. (2009) を参照されたい。

析対象となっている非文法的な一致現象とは無関係なものであるため，分析の際には排除したいものである。この可能性を排除する方法の一つとして，データ分析の際に，1番目の語彙の読み時間を独立変数として組み込むことである[30]。現在実施中の実験においても，このような分析を用いることで，L2学習者の読み時間のデータをより明確にし，分析対象である非文法的な一致現象による読み時間の遅延を説明することが可能となる。

　L2での読文は，L1による読文と本質的に異なるため，ゆらぎや変動がより見られやすいことは確かである。先述のとおり，L2学習者はL2の文章を読む経験が少ないため，L2の知識へのアクセスが容易ではなく，L2での読文はより疲れやすく，変動し易いものだと考えられる。更に極めて重要なこととして，L2学習者の熟達度は，母語話者のそれよりもばらつきが大きいことである。この点に関する議論は，2節で言及したJohnson & Newport (1989) を参照されたい。その結果，読み時間に更なるばらつきがあり，このことは母語話者の実験結果と比較する際には事前に対処されるべき点である。

6. 総合考察

　上述の二つの実験の結果より，L2学習者は先行研究で報告されている母語話者の実験結果に類似することが明らかとなった。これは，文レベルでの読み時間を比較しても（実験1），語彙レベルでの読み時間を比較した場合でも（実験2），L2学習者は，先行研究の結果に基づく母語話者の実験結果から予測されるものと一致するものとなった。

　この章の数の一致に関する実験結果（実験2）は，相違が確認されなかったL2の先行研究の結果とは食い違っているように見える。しかし，実際には先行研究と今回の実験結果は矛盾していないと考える。なぜならば，L2における先行研究のほとんどが，統計的に有意でない結果に基づいて主張を導き出しているからである[31]。母語話者による実験では，敏感さを示した現

30　このような手法を用いた英語母語話者の実験データの分析はWagers et al. (2009) を参照されたい。
31　Clahsen & Felser (2006a) で論じられているL2における先行研究の多くで統計的に有意な結果が確認されなかった。

象であるにもかかわらず，L2 学習者による実験では信頼性のある相違を確認することができなかったとこれらの先行研究では報告されている。そして，その結果から，先行研究ではL2学習者は詳細な表象を構築することが不可能だったと結論づけている。

これらの統計的に有意でない結果は，母語話者には見られない，もしくは母語話者では一般的ではないような要因が干渉したために得られた可能性もある。この可能性の一つとして，実験参加者の熟達度を読み時間の分析の際には要因として含まなければならない必要性が挙げられる。特に，単語ごとに提示する読文実験では実験参加者の熟達度は重要な要因である。次に，L2 での読文ではゆらぎが大きくなる可能性である。例えば，L2 学習者はL2 の文章を読むことに慣れておらず，不自然に感じたときに，そこから回復するには長い時間を要するかもしれない。そのため，L2 による読文よりもスピルオーバー効果が広く生じる可能性がある。

先行研究では，熟達度を考慮に入れている結果もあるが，熟達度の評価が不十分であったことが考えられる。更に，読み時間の分析に熟達度を要因として含めていない先行研究もある。Marinis, Roberts, Felser & Clahsen (2005) の研究のように，中間痕跡（intermediate trace）の効果のような繊細な相違について調査する際には，熟達度を要因と含めることが特に重要となってくる。

注意しなければならない点として，母語話者による読文と，L2 学習者による読文が類似することが，必ずしもそれらが同等であるという意味ではないことである。Kim, Relkin, Lee & Hirsch (1997) の例のように，学習開始年齢によって，使用する脳の領域が異なる可能性がある。しかし，この場合は処理のアルゴリズムではなく，知識の貯蔵の仕方に関連することだろう。つまり，必要な知識を引き出すための脳内の構造が異なるとしても，処理のアルゴリズムは維持されていると考えられる。

6.1 「十分な構造」と文法知識

5.4.1 で述べたように，SSH によると，L2 学習者は，隣接する語彙と語彙の意味情報に基づいて，簡略化された表象（good-enough representation）のみを構築することができるとされている（Clahsen & Felser, 2006a, b, c）。この章で取り扱った構文は，隣接する語彙によって結ばれる関係ではないた

め，SSH の検証に役立つものである。

　SSH によると，一般的に，異なる節に含まれる構成素間の長距離依存（long-distance dependencies）は L2 学習者の能力では理解出来ないものである（Clahsen & Felser, 2006c）。被修飾名詞と依存関係を結ぶ埋め込み節内の空所の位置から，特に RC は長距離依存関係の例としてしばしば取り上げられる。もし L2 学習者が節を越えた依存関係を構築することができないのであれば，学習者は語彙情報や世界知識という要素を用いて意図された意味を推測しなければならない。実験 1 で使用したテスト項目は，このような要素から影響を受けないことを 2 回の予備調査によって保証している。そのため，自然さや世界知識の使用，もしくは推測をすることによって RC の処理がしやすくなるとは考えにくい。つまり，中国語母語話者が日本語で読文を行った際に SRC を ORC よりも好んだ結果については，それらの要素からは説明できない。

　また，実験 2 の結果も SSH によって説明が不可能である。なぜならば，実験 2 では数の一致関係を結んでいる主名詞と動詞の間に PP が介在しているため，隣接していない語彙との統語関係を把握する必要がある。そして，語彙情報による説明も不可能である。更に，数の一致関係は文の意味理解においては意味がなく，余分な情報である。

　ここまでの議論からは，SSH は本稿の仮説とは非常に異なるようにみえるが，実際には共通する点もある。SSH によると，L2 において支障となるものは処理ではなく，L2 知識そのものにあると推測している。異なるパーサーを使用している可能性があることは認めるものの，「最少付加（minimal attachment）や近接（recency），ギャップ生成の方略（Active Filler Strategy）などの L1 の処理で使用されるものと同様の処理メカニズムが L2 でも使用可能であるが，その使用については，L2 に関する知識が完全ではなく，間違いも含まれ，処理を行うには不安定であるため，限定される」と Clahsen & Felser（2006b, p. 117）は述べ，単一の普遍的なパーサーが存在する可能性を支持している。L2 での読文パターンが母語話者のものと異なる原因が L2 の知識に起因することについては，この研究者らの意見に同意する。また，学習者の L2 に対する知識が不完全なことが原因で，L2 学習者は母語話者よりも浅い構造により依存すると推測することは理にかなっている。し

かし，SSHでは，学習者のL2の知識は，その言語の母語話者の持つ知識に近づくことは決して無いと推測しているが，この章での予測としては，L2の知識が向上すると，その言語の母語話者の知識に近づくことができると考える[32]。

　この章で概観した実験結果はこの考えを支持するものである。特に実験2では，Cテストによって測定された学習者の熟達度が上がるほど，非文法的な一致現象に対する敏感さが高くなることが観察された。より具体的には，Cテストの得点が1点増えるごとに，非文法的な条件では読み時間に6.6msの遅延が増えていくことが推定できる。熟達度が上がるほど，L2における読文パターンは母語話者のものに近づくということがこの結果から示唆できる。

　総じて，SSHでは実験1，2の両方の結果を説明することが難しい。そして，SSHはその仮説を支持すると思われていた先行研究の結果でさえも説明することができない。長距離依存関係を結ぶ空所とその埋語（フィラー）の効果については，L2学習者は語彙情報に従って，深層の埋め込み節内の動詞にwh句を直接関連付けていると説明されてきた（Clahsen & Felser, 2006ac; Marinis et al., 2005）。しかし，wh句はその空所の位置を理解することが求められる。母語話者におけるwh句の処理については，wh句が読まれたときに，空所の位置を理解しなければならないという必須要件がワーキングメモリ内で保持され，空所の文法的な位置が発見され次第，その必須要件が満たされる[33]。空所に対する必須要件は明らかに統語的であり，その必須要件の達成においても統語的な制約が関わってくる。このような複数の節にまたがる依存関係の処理についてどのように語彙情報によって説明できるかについては明らかではない。

　すなわち，SSHでは長距離依存に対して首尾一貫した説明が与えられないのである。更に，一般にどの程度L2の表象が浅いのか具体的な提案もなされていない。対して，この章で主張してきたように，L2の構造が母語話者の構築するものと類似しているのであれば，そのような理論的な欠点は解決される。総じて，一般的なL2研究，特にL2における一致現象の処理に

---

[32] 確証されてはいないものの，L2学習者の知識が，母語話者のようなレベルまで達成可能であるという考え方についてはSchwartz & Sprouse（1996）を参照されたい。

[33] Frazier & Clifton（1989）に記述されているactive filler strategyを参照されたい。

関する研究には前進が見られている。当初は統計的な有意差が見られない様々な研究が報告され (Jiang, 2004)，そして単純な構文で信頼性の高い相違が確認され (Wen et al., 2010)，近年ではより複雑な構文でそのような結果が確認された (Wilson & Miyamoto, 2015; Yamada & Hirose, 2012)。この進歩は主に，L2 独特の問題（例：熟達度のばらつきが RT に影響を与えること）をよりよく理解することと，分析方法の改善（例：スピルオーバー効果を考慮すること）によってもたらされたといえる。

参考文献

Anderson, J. R. (1974). Verbatim and propositional representation of sentences in immediate and long-term memory. *Journal of Verbal Learning and Verbal Behavior*, *13*, 149–162.

Babaii, E., & Shahri, S. (2010). Psychometric rivalry: The C-test and the close test interacting with test takers' characteristics. In R. Grotjahn (Ed.), *The C-test: Contributions from current research* (pp. 41–56). Frankfurt: Lang.

Clahsen, H., & Felser, C. (2006a). Grammatical processing in language learners. *Applied Psycholinguistics*, *27*, 3–42.

Clahsen, H., & Felser, C. (2006b). Continuity and shallow structures in language processing. *Applied Psycholinguistics*, *27*, 107–126.

Clahsen, H., & Felser, C. (2006c). How native-like is non-native language processing? *Trends in Cognitive Sciences*, *10*, 564–570.

Doughty, C. J., & Long, M. H. (Eds.). (2005). *The handbook of second language acquisition*. Blackwell Reference Online. 25 February 2017. http://www.blackwellreference.com/public/book.html?id=g9781405132817978140513281 7.

Fodor, J. D. (1998). Learning to parse? *Journal of Psycholinguistic Research*, *27*, 285–319.

Frazier, L., & Clifton, C. (1989). Successive cyclicity in the grammar and the parser. *Language and Cognitive Processes*, *4*, 93–126.

Gibson, E. (1998). Linguistic complexity: Locality of syntactic dependencies. *Cognition*, *68*, 1–76.

Gibson, E., & Wu, H.-H. I. (2013). Processing Chinese relative clauses in context. *Language and Cognitive Processes*, *28*, 125–155.

Holmes, V. M., & O'Regan, J. K. (1981). Eye fixation patterns during the reading of relative clause sentences. *Journal of Verbal Learning and Verbal Behavior*, *20*, 417–430.

Hyltenstam, K., & Abrahamsson, N. (2005). Maturational constraints in SLA. In C. J. Doughty & M. H. Long (Eds.), *The handbook of second language acquisition*. Blackwell Reference Online. 25 February 2017. http://www.blackwellreference.com/

public/ book.html?id=g9781405132817 9781405132817.

Ishizuka, T., Nakatani, K., & Gibson, E. (2006). Processing Japanese relative clauses in context. Paper presented at the nineteenth CUNY conference on human sentence processing, NY, March, 2006.

Jiang, N. (2004). Morphological insensitivity in second language processing. *Applied Psycholinguistics, 25,* 603–634.

Jiang, N., Novokshanova, E., Masuda, K., & Wang, X. (2011). Morphological congruency and the acquisition of L2 morphemes. *Language Learning, 61,* 940–967.

Johnson, J. S., & Newport, E. L. (1989). Critical period effects in second language learning: The influence of maturational state on the acquisition of English as a second language. *Cognitive Psychology, 21,* 60–99.

Kim, K. H. S., Relkin, N. R., Lee, K.-M., & Hirsch, J. (1997). Distinct cortical areas associated with native and second languages. *Nature, 388,* 171–174.

King, J., & Just, M. A. (1991). Individual differences in syntactic processing: The role of working memory. *Journal of Memory and Language, 30,* 580–602.

Kwon, N., Lee, Y., Gordon, P. C., Kluender, R., & Polinsky, M. (2010). Cognitive and linguistic factors affecting subject/object asymmetry: An eye-tracking study of prenominal relative clauses in Korean. *Language, 86,* 546–582.

Mak, W. M., Vonk, W., & Schriefers, H. (2002). The influence of animacy on relative clause processing. *Journal of Memory and Language, 47,* 50–68.

Marinis, T., Roberts, L., Felser, C., & Clahsen, H. (2005). Gaps in second language sentence processing. *Studies in Second Language Acquisition, 27,* 53–78.

Miller, G. A. (1963). The magical number seven, plus or minus two: Some limits on our capacity for processing information. In R. D. Luce, R. R. Bush & E. Galanter (Eds.) *Readings in mathematical psychology 1* (pp. 135–151). New York, NY: John Wiley.

Miyamoto, E. T. (2008). Processing sentences in Japanese. In S. Miyagawa & M. Saito (Eds.) *The Oxford handbook of Japanese linguistics* (pp. 217–249). Oxford, UK: Oxford University Press.

Miyamoto, E. T. (2016). Working memory fails to explain subject-extraction advantages (and object-extraction advantages) in relative clauses in Japanese. *Proceedings of the Japanese Society for Language Sciences 18th Annual International Conference (JSLS2016)* (pp. 25–28). June 4-5. University of Tokyo, Komaba.

Miyamoto, E. T., & Nakamura, M. (2003). Subject/object asymmetries in the processing of relative clauses in Japanese. In G. Garding & M. Tsujimura (Eds.), *Proceedings of the 22nd West Coast Conference on Formal Linguistics* (pp. 342–355). Somerville, MA: Cascadilla Press.

Miyamoto, E. T., & Tsujino, K. (2016). Subject relative clauses are easier in Japanese regardless of working memory and expectation. *Proceedings of the Japanese Society for Language Sciences 18th Annual International Conference (JSLS2016)* (pp. 42–45). June 4-5. University of Tokyo, Komaba.

Pearlmutter, N. J., Garnsey, S. M., & Bock, K. (1999). Agreement processes in sentence comprehension. *Journal of Memory and Language, 41*, 427–456.

R Core Team. (2015). *R: A language and environment for statistical computing*. R Foundation for Statistical Computing, Vienna, Austria. URL https://www.R-project.org/.

Schwartz, B. D., & Sprouse, R. A. (1996). L2 cognitive states and the Full Transfer/Full Access model. *Second Language Research, 12*, 40–72.

Sorace, A. (2005). Near-nativeness. In C. J. Doughty & M. H. Long (Eds.), *The Handbook of second language acquisition*. Blackwell Reference Online. 25 February 2017 http://www.blackwellreference.com/public/book.html?id=g9781405132817978140513281 7.

Traxler, M. J., Morris, R. K., & Seely, R. E. (2002). Processing subject and object relative clauses: evidence from eye movements. *Journal of Memory and Language, 47*, 69–90.

Tsujino, K., & Miyamoto, E. T. (2016). Chinese learners of Japanese read relative clauses faster when subject-extracted in L2 (and object-extracted in L1). *Proceedings of the Japanese Society for Language Sciences 18th Annual International Conference (JSLS2016)* (pp. 50–53). June 4-5. University of Tokyo, Komaba.

Ueno, M., & Garnsey, S. M. (2008). An ERP study of the processing of subject and object relative clauses in Japanese. *Language and Cognitive Processes, 23*, 646–688.

Vasishth, S., Chen, Z., Li, Q., & Guo, G. (2013). Processing Chinese relative clauses: evidence for the subject-relative advantage. *PLoS ONE, 8*, e77006. doi:10.1371/journal.pone.0077006

Wagers, M. W., Lau, E. F., & Phillips, C. (2009). Agreement attraction in comprehension: Representations and processes. *Journal of Memory and Language, 61*, 206–237.

Wanner, E., & Maratsos, M. (1978). An ATN approach to comprehension. In M. Halle, J. Bresnan, & G. A. Miller (Eds.), *Linguistic theory and psychological reality* (pp. 119–161). Cambridge, Mass.: MIT Press.

Wen, Z., Miyao, M., Takeda, A., Chu, W., & Schwartz, B. D. (2010). Proficiency effects and distance effects in nonnative processing of English number agreement. *Proceedings of the Boston University Conference on Language Development, 34*, (pp. 445–456).

Wilson, B. G., & Miyamoto, E. T. (2015). Proficiency effects in L2 processing of English number agreement across structurally complex material. *Proceedings of the 151st Meeting of the Linguistic Society of Japan* (pp. 176–181). Nagoya University.

Yamada, T., & Hirose, Y. (2012). Singular/plural asymmetry in Japanese EFL learners' sensitivity to English number dis/agreement. *Proceedings of the 29th Annual Meeting of the Japanese Cognitive Science Society* (pp. 194–203).

第4章

前置詞脱落の誤りと格の関係
受動文と疑問文・関係節の比較から

穂苅友洋

1. はじめに：研究の目的

(1) の文はどれも文法的な誤りを含んでいる（アステリスク（*）は文や表現が誤っていることを示す）。

(1) a. 平叙文：*The students talked the topic at the meeting.
   b. 疑問文：*Which topic did the students talk at the meeting?
   c. 関係節：*This is the topic that the students talked at the meeting.
   d. 受動文：*The topic was talked at the meeting.

(1) の文の誤りは，いずれも必要な前置詞が欠けている点である。talk は自動詞であり，talk about the topic のように，前置詞句を目的語にしなければならない。よって，(1) の文の誤りを訂正すると (2) になる。

(2) a. 平叙文：The students talked about the topic at the meeting.
   b. 疑問文：Which topic did the students talk about at the meeting?
   c. 関係節：This is the topic that the students talked about at the meeting.
   d. 受動文：The topic was talked about at the meeting.

ここまで見てきた *talk* のような前置詞句を目的語とする（自）動詞は，**前置詞付き動詞（prepositional verb）** と呼ばれ，第二言語（L2）学習者が発話や作文で使用する際，前置詞を脱落させる（1）のような誤りが頻繁に観察される[1]。一見，「注意不足だった」あるいは「他動詞だと勘違いした」ことが原因に見えるが，話はそれほど単純でない。

この誤りについて初めて科学的な研究を行った Klein（1993）は，**文法性判断タスク（grammaticality judgment task**: 提示した文が文法的に正しいかどうかを，実験参加者に判断してもらうタスク）を行い，前置詞を欠く平叙文（1a）を誤りだと判断し，前置詞を補って訂正する L2 学習者でも，対応する疑問文（1b）や関係節（1c）を誤りだと判断しない場合があることを発見した[2]。つまり，平叙文では「どの動詞で前置詞句が目的語になるか」に関して正しい知識（動詞の**下位範疇知識, subcategorization knowledge**）をもっている L2 学習者でも，文構造が変わると，前置詞を脱落させてしまう。このように，ある種の文構造が引き金となって生じる前置詞脱落は **空前置詞（null preposition**: Klein, 1993）と呼ばれる。同様の誤りは受動文（1d）でも見つかっており（例：半田, 2004），受動文では，疑問文よりも頻繁に空前置詞が出現する（Hokari & Wakabayashi, 2009; 2.1 も参照）。

なぜ文構造の変化が空前置詞を引き起こすのか。また，なぜある種の文構造が空前置詞をより頻繁に引き起こすのか。これらの問いに答えるには，多様な文構造を用いた調査が必要である。本稿では，英語を L2 とする日本語話者と仏語話者に調査を行った Hokari（2015）の一部をもとに，空前置詞と文構造の関係ならびに L2 学習者がもつ文法知識の一端の解明を試みる。

2. 研究の背景

2.1 先行研究での発見

Klein（1993）以来の研究で，疑問文と関係節で現れる空前置詞について，

---

[1] 前置詞付き動詞と似た表現に，*fill in, take off* などの句動詞（phrasal verb）があるが，これについては本稿では扱わない。両者の違いについては Takami（1992）が詳しい。
[2] 疑問文には *yes-no* 疑問文（例：*Did the students talk about the topic at the meeting?*）もあるが，本稿で議論する疑問文は，疑問詞（例：*who, what*）を含む場合である。

(3a–c) が明らかになっている。

(3) a. さまざまな母語をもつ英語学習者が，空前置詞を産出または文法的と判断する（例：日本語話者については Kao, 2001; ペルシャ語話者については Rezai, 2006; 韓国語，中国語，スペイン語話者などについては Klein, 1993 参照）。
  b. 空前置詞は，英語だけでなく，仏語（Jourdain, 1996），スペイン語（Perpiñán, 2010），ヘブライ語（Botwinik, 2011）など，さまざまな言語を**目標言語**（**target language**, **TL**: 学習者が習得しようとしている言語）とする L2 学習者にも見られる。
  c. 空前置詞は，TL の熟達度の伸長に応じて減少する（Klein, 1993）。

これらの事実から，疑問文・関係節での空前置詞は，L2 の発達過程で見られる普遍的な誤りと考えられており，その原因についてさまざまな仮説が提案されている（例：Dekydtspotter, Sprouse, & Anderson, 1998; Klein, 1993, 2001）。仮説によって詳細は異なるが，おおまかにいうと，疑問文や関係節での空前置詞は，これらを構築する際に必要となる疑問詞や関係代名詞の移動（2.2 参照）と関連していると考えられており，L2 学習者が TL の母語話者とは異なる方法でこれらの文を構築した結果，前置詞が脱落（表面上消失）してしまうと提案されている。

しかし，空前置詞については，(3) に加えて (4) も報告されている。

(4) 空前置詞は受動文でも生じる（半田, 2004; 穂苅, 2010; Hokari & Wakabayashi, 2009; Tanaka, 2005）。

後ほど 2.2 で詳しく述べるとおり，受動文も名詞（句）の移動をともなうが，疑問文や関係節の場合とは性質が異なる。上記の説明は，疑問詞・関係代名詞の移動と結びつけられており，受動文での空前置詞が同じ理由で生じるとは限らない（Hokari & Wakabayashi, 2009）。実際，Hokari & Wakabayashi (2009) は，日本語を母語とする英語学習者の容認パターンを疑問文と受動文の場合で比較しており，(a) 受動文だけで空前置詞を容認する L2 学習者

は多くいたが，(b) 疑問文で空前置詞を容認した L2 学習者は，ほぼ例外なく受動文でも空前置詞を容認していたことを示している。つまり，疑問文と受動文での空前置詞の容認に関しては，図 1 の関係がある。

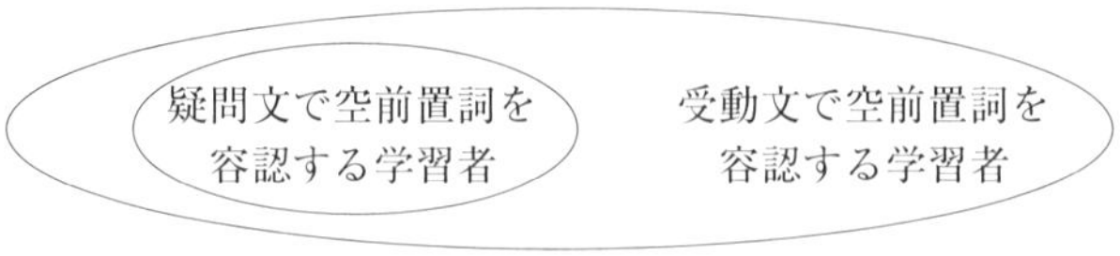

疑問文で空前置詞を容認する学習者　　受動文で空前置詞を容認する学習者

図 1　空前置詞の容認パターン（Hokari & Wakabayashi, 2009 に基づく）

このことから Hokari & Wakabayashi は，空前置詞の原因には疑問文と受動文に共通するものと，受動文のみに関わるものがあると結論づけている。

　この議論が示すとおり，空前置詞の原因はひとつとは限らない。誤りの全容を解明するには，まずは，空前置詞がどのような場合に生じ，どのような場合には生じないかを綿密に調査し，誤りの原因の一端を絞り込む作業が必要である。この点からすると，疑問文では空前置詞を容認しない L2 学習者が，受動文ではこれを容認するのはなぜかという問題は興味深い。2.2 では，この違いを引き起こしたと考えられる要因を考察する。

2.2　空前置詞と構文の関係考察

　疑問文では空前置詞を容認しない L2 学習者が，受動文ではこれを容認するのはなぜか。このような構文間での違いを引き起こす可能性のある要因について考えてみよう。ここで，これらの構文における前置詞の役割に着目すると，疑問文（および平叙文，関係節）の前置詞は目的語に**格**（**Case**）を与えるが，受動文の前置詞はその役割をもたないという違いがある[3]。

　平叙文において，（前置詞付き動詞の）前置詞は，目的語の名詞句に格を与える。格は名詞句の「形」に関する文法情報で，文中に現れるすべての名詞句は，適切な格をもたなければならない（Chomsky, 1981）。たとえば，(5a) のように，英語の代名詞は文の主語であれば，*he, they* などの**主格**（**nominative**）の形に，前置詞（または他動詞）の目的語であれば，*him, them*

3　前置詞には「意味」もあるが，構文による変化はない。

などの**目的格**（**objective**）の形になる（{X / Y / Z} は選択肢を表す）。英語の場合，(5b) が示すとおり，普通名詞や固有名詞には目に見える格の区別はないが，代名詞と同じように，主格や目的格をもつ（同上）。

(5) a.　{He / They/ *Him / *Them} will vote for {him / them / *he / *they}.
　　b.　{The man / Tom} will vote for {the man / Tom}.

　名詞句がどのような格をとるかは，同じ文に含まれるほかの語との関係で決まる。生成文法の枠組みでは，主格は**時制辞**（**Tense**: 助動詞など現在・過去の区別を担う要素）から主語の名詞句に与えられ (Radford, 2016)，目的格は，前置詞または他動詞によって，その目的語の名詞句に与えられる。この格付与の過程は (6) に示すとおりである（破線矢印は格付与を表す）。

(6) a.　They will vote for him.　　　b.　Tom will vote for the man.
　　　　［主格］　　　［目的格］　　　　　　　　［主格］　　　［目的格］

　この前置詞による目的格付与のしくみは，疑問文および関係節でも変わらない。前置詞の目的語にあたる名詞句が疑問詞の場合，英語では 2 種類の疑問文がつくれる。生成文法の枠組みでは，この種の疑問文は，もともと平叙文と同じように前置詞の直後に置かれていた疑問詞が，節の先頭に移動してできると考えられている (Radford, 2016)。この考えを採用すると，ひとつは，(7a) のように，疑問詞だけを移動させ，前置詞を平叙文と同じ位置に置く形（**残留**，**stranding**）で，もうひとつは，(7b) のように，前置詞を疑問詞と一緒に移動させる形（**随伴**，**pied-piping**: Ross, 1967）である（下線部は疑問詞や前置詞がもともとあった位置を示す）。関係代名詞が前置詞の目的語となる関係節でも，残留 (8a) と随伴 (8b) が可能である（ただし，who(m) を省略したり，that と置き換えた場合は，残留のみが許される）。

(7) a.　{Who / Whom} will they vote for ＿＿＿?
　　b.　For whom will they vote ＿＿＿?

(8) a. the candidate {who / whom} they will vote for ＿＿＿
　　b. the candidate for whom they will vote ＿＿＿

　(7, 8) の疑問詞や関係代名詞がどのような格をもっているか考えよう．(7a, 8a) のような前置詞残留文では who を用いるのが一般的だが，whom も文法的には正しい（小西，2006）．whom という形は，疑問詞や関係代名詞を前置詞と一緒に移動させた前置詞随伴文 (7b, 8b) にも用いられることから，前置詞から目的格が与えられた場合の形だとわかる．したがって，(7a, 8a) においても，whom は目的格の形だと考えるのが自然だろう．(7a, 8a) では whom を who と入れ替えることができるが，どちらの場合でも文中のほかの要素は変わらない．また，英語ではほとんどの名詞句が格の違いによって形を変えない（例：5b）ことが示すように，名詞句に与えられる格とそれが実際に現れる形の関係は一対一ではない．これらの点から，表面上形が異なっていても，who も whom と同じ目的格をもつと考えるのは自然である[4]．(7, 8) の who(m) が前置詞から目的格を与えられるとすると，疑問文 (7a)，関係節 (8a) は，それぞれ (9)，(10) のように構築される（実線矢印は移動の軌跡，角括弧は文の階層構造，P(repositional)P(hrase) は前置詞句を表す）．

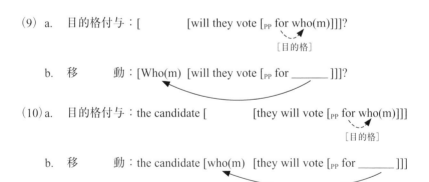

---

[4] (7a, 8a) で，who がほかの格をもつとは考えにくい．英語の時制辞はひとつの名詞句にしか主格を与えられないが，ここでは they が主格をもっている．また，who(m) の移動先は，格をもたない疑問副詞（例：when）が現れる位置でもあり，移動先で格をもらうこともない．

まず，疑問詞・関係代名詞は，前置詞の目的語位置に導入され，その時点で前置詞から目的格を受け取る (9a, 10a)。その後，すでに格が付与された状態で移動する (9b, 10b)[5]。繰り返しになるが，(9a, 10a) での目的格の付与は，(6) で見た平叙文の場合と同じことに注意していただきたい。

次に，受動文の場合を考えよう。たとえば，(能動) 平叙文 (6a) に対応する受動文は (11) である。受動文では，もともと前置詞の目的語に導入された名詞句あるいは代名詞が移動し，文の主語になる。(11) のように，移動した代名詞は目的格 (*him*) ではなく，主格 (*he*) の形をとる。

(11)　　{He / *Him} will be voted for ＿＿ (by them).

もし (6, 9a, 10a) と同様に，移動前に前置詞が代名詞に目的格を与えてしまうと，この現象をうまく説明できない。ひとつの名詞句が目的格と主格の両方をもつことはできない (Uriagereka, 2008) ため，(11) のような受動文で，前置詞は代名詞に目的格を与えないと考えるのが自然である[6]。代わりに，代名詞は移動先の主語位置で時制辞から主格をもらう。したがって，(11) は (12) のように構築される (小型大文字 HE は，格をもらう前の代名詞を示す)。受動文では，代名詞は前置詞から格をもらえないため (12a)，主語位置へ移動し (12b)，その位置で時制辞から主格を受け取る (12c)。

5　移動の際に前置詞も一緒に移動すれば，前置詞随伴文 (7b, 8b) ができる。
6　(11) のような，もともと前置詞の目的語だった名詞句が文の主語となる受動文 (**擬似受動文**, **pseudo-passive**) を扱った研究では，前置詞が目的格を与えないという点で見解は一致しているが，どのようなしくみに基づいて，目的格を与える能力が消えてしまうのかについては意見が分かれており，決定的な説明が得られていない。いずれの説明についても，統語理論に関する背景知識と複雑な統語操作に関する説明が必要になるため，本稿でこれらを紹介するのは難しい。詳細については，Abels (2003)，Baltin & Postal (1996)，Hornstein & Weinberg (1981)，Law (2006) などをご覧いただきたい。

(12) a. 移動前：[[will be voted [~PP~ for HE] (by them)]].

b. 移動：[~HE~ [will be voted [~PP~ for ___] (by them)]].

c. 主格付与：[He [will be voted [~PP~ for ___] (by them)]].
　　　　　　　［主格］

　ここまで，疑問文および関係節では，前置詞は移動する名詞句に格を与える役割をもつが，受動文では，前置詞はその役割をもたないことを確認した。この点から，Hokari & Wakabayashi (2009) で報告されている「疑問文で空前置詞を容認しない L2 学習者でも，受動文では空前置詞を容認する場合がある」ことについて考えると，その原因は格付与の有無にあるかもしれない。つまり，前置詞が格を「与える」場合には，前置詞が必要だと判断できる L2 学習者でも，前置詞が格を「与えない」場合では，前置詞を脱落させてしまうということである。

　なぜ前置詞が格を「与えない」ことが，前置詞を脱落させてしまう要因になりうるのだろうか。ここで注目したいのは，英語の受動文では，格を与えないのに，前置詞が目に見える（あるいは，耳に聞こえる）形で現れている点である。このような「目に見える形で現れるが，格を与えない前置詞」に相当する表現は，ほとんどの自然言語の受動文では存在せず，したがって，(11) のような受動文は，ほとんどの自然言語で許されない[7]。この点について，本稿での調査に関係する日本語と仏語を例に見てみよう[8]。

　まずは，英語により近い言語の仏語から見ていこう。たとえば，英語の受動文 (13) に相当する仏語受動文は (14) で，これは非文法的である。

(13) 　　This question was talked about ___.

7　(11) のような受動文は，世界中の言語を見渡しても極めて少数の言語（例：スウェーデン語，ノルウェー語）でしか見られない (Abels, 2003)。
8　日本語と仏語の受動文には，統語性質が異なる部分もある。詳細については Hokari (2015)，穂苅 (2016) を参照いただきたい。

(14) *Cette question a été parlé de ____.
　　　this　question　has　been talked　about
　　'This question was talked about.'　　　　　　（Jones, 1996, p. 39）

（14）が非文法的なのは，仏語では前置詞（例：*de*）の残留が許されないことによる（Jones, 1996; Kayne, 1981; Rowlett, 2007）。このことは，前置詞残留を含む疑問文（15）が非文法的なことからも明らかである。

(15) *Quelle question a-t-on parlé de ____?
　　　which　question　has-they　talked　about
　　'Which question did they talk about?'　　　（Jones, 1996, p. 39）

　しかし，仏語には，**非人称受動文**（**impersonal passive**）と呼ばれる受動文がある（Jones, 1996; Rowlett, 2007; Washio, 1985）。この受動文は，法律文書や会議の議事録など，行政に関わる文書でしか使用されない（Jones, 1996, p. 131）ため，すべての仏語話者が使用する（あるいは，自然だと判断する）形ではないが，通常の受動文と同じ意味を表す。たとえば，（14）に対応する非人称受動文は（16）である。

(16) Il a été parlé de cette question.
　　　it　has　been　talked　about　this　question
　　'*It was talked about this question.'　　　（Jones, 1996, p. 104）

（16）で，動詞は（14）と同じ受動形をとる。しかし，（16）では，名詞句（*cette question*）が前置詞の直後に置かれたままで，代わりに，形式主語（*il*）が主語位置に現れ，主格をもらう（Jones, 1996, p. 131）。ここで，前置詞（*de*）が目的語位置の名詞句に格を「与えない」とすれば，この名詞句はどこからも格がもらえなくなり，（16）の文は作れないはずだが，そうではない。したがって，（16）において前置詞は，目的語の名詞句に格を与えている（同上）。（16）での格付与のしくみは，（17）のとおりである。

(17)　[Il　[a été parlé [_PP_ de cette question]]].
　　　　　［主格］　　　　　　　［目的格］

　ここで注目したいのは，前置詞が名詞句に対して格を「与えている」点である。繰り返しになるが，仏語では前置詞残留が許されないため，前置詞の目的語を主語位置に置く受動文（例：14）はつくれないが，別の形の受動文（例：16）が可能である。その場合，前置詞は直後の名詞句に対して格を与える。言い換えれば，仏語では，前置詞が「目に見える形で現れる」ことと格を「与える」ことが一致しており，「目に見える形で現れるが，格を与えない前置詞」は，少なくとも受動文では見あたらない。
　日本語の場合はどうだろう。日本語については，英語の前置詞のように，目的語に対して格を与える**後置詞**（**postposition**）があるかどうかの判断が難しいが，「目に見える形で現れるが，格を与えない」ということはない。この点について詳しく見ていこう。
　英語の前置詞付き動詞に対応する日本語の表現はさまざまだが，(18, 19) に例示したように，「を」や「に」などの**格助詞**（**case particle**）と動詞の組み合わせが対応する場合が多い。

(18) a.　Everyone listened to his song.　　b.　みんなが 彼の歌を 聞いた。
(19) a.　My father objected to the plan.　　b.　父が その計画に 反対した。

これらの格助詞は，名詞句のもつ格を目に見える形で表したものであり，これ自体が名詞句に格を与えているわけではない（三原・平岩, 2006）。(18b, 19b) の場合，「聞いた」や「反対した」は他動詞で，これが名詞句に格を与え，「を」や「に」として具現化されている[9]。したがって，(18b, 19b) からは，英語受動文における前置詞のような，「目に見える形で現れるが，格を

9　このような言語間での自動詞・他動詞の分布の違いは，英仏間でも見られる。たとえば，英語の前置詞付き動詞 _listen to_ にあたる仏語の表現は，他動詞 _écouter_ である。4節で紹介する実験では，参加者が前置詞付き動詞（つまり自動詞）だと知っていた動詞のみを分析対象としている点に注意していただきたい（詳細については，4.2 および 4.4 参照）。

与えない」表現が日本語にあるかどうかは判断できない。

　しかし，日本語にも，英語の前置詞に相当する表現（後置詞）がないわけではない。(20) の「から」はその例である（青柳, 2006; Miyagawa, 1989）。

(20)　犯人が　警官から　逃げた。

日本語の後置詞は，名詞に付加する**拘束形態素**（**bound morpheme**）という点では格助詞と同じだが，格助詞とは違ったふるまいをする。たとえば，話しことばでは，格助詞の「を」や「に」は脱落する場合があるが，「から」は脱落できない[10]。(21–23) はこの点を示した例で，それぞれ A と B の対話形式になっている。B の返答で，φ は目的語部分全体の脱落を表す。

(21) A: 誰が この曲を 聞いてたの？
　　 B: 健が {この曲を / この曲 / φ} 聞いてたよ。
(22) A: 誰が この計画に 反対したの？
　　 B: 社長が {この計画に / この計画 / φ} 反対したんだよ。
(23) A: どんな人が 警官から 逃げた（とニュースが伝えてた）の？
　　 B: 長身の男が {警官から / *警官 / φ} 逃げたらしいよ。

(21, 22) の B の発話では，それぞれ「を」，「に」を脱落させた返答ができるが，(23) の「から」は脱落させられない。この違いは意味に起因するのではない。(21, 22) と同様に，(23) でも目的語全体を省略した返答ができ，その意味を十分に推測できる。むしろこの違いは，英語の前置詞のように，「から」が名詞句に格を与える役割をもつためだと考えられる（三原・平岩, 2006）。格助詞は，すでに名詞句に与えられた格を目に見える形で表したものであり，適切な条件下では脱落させても構わないが，「から」は名詞句に対して格を与えるため，脱落させると名詞句が格をもらえなくなり，非文法文になる。したがって，「から」は (24) のように，名詞句を目的語とした

10　「を」や「に」も後置詞として機能する場合がある。「を」については Saito & Hoshi (2000)，「に」については Sadakane & Koizumi (1995) を参照。

後置詞句（postpositional phrase, PP）を形成し，目的語に格を与え，発話する際に名詞に付加する（青柳，2006; 三原・平岩，2006; Miyagawa, 1989 ほか）。

(24)　[PP 警官 [P から]]
　　　　　　［目的格］

　この点をふまえ，(20) を受動文に書き換えた (25) を見てみよう[11]。

(25)　警官が　犯人に　＿＿＿＿　逃げられた。

(25) では，(20) の後置詞「から」の目的語（「警官」）が，主格助詞「が」をともなった主語になっている[12]。注目すべきは，「から」が文中から「消えている」点である。(23) で見たとおり，「から」は脱落すると格を与えられなくなるため，(25) では，もともと「から」の目的語だった名詞は，主語位置で主格をもらっている。消えた後置詞が文中のどこかに隠れているのか，それとも存在しないのかについては，複雑な議論が必要になるため，ここでは論じない（Hokari, 2015 参照）が，重要なのは，日本語でも，後置詞が「目に見えて現れる」ことと格を「与える」ことが一体となっている点である。後置詞が格を「与える」場合，後置詞は目に見える形で現れるが，受動文のように，後置詞が格を「与えない」場合には消えてしまう。この点からすると，英語の「目に見える形で現れるが，格を与えない前置詞」に相当する表現は，日本語にもないといってよいだろう。
　このように，英語の受動文のような「目に見える形で現れるが，格を与えない前置詞」は，多くの言語の受動文では存在せず，仏語や日本語でもそのような表現はない。代わりに，仏語や日本語では，前・後置詞が「目に見える形で現れる」場合は，その目的語に格を「与える」。仮に，L2 学習者がこ

11　日本語受動文の構造については長い論争があり，ここでは議論しきれない。この点に関しては，Hoshi (1999), Ishizuka (2012) を参照されたい。
12　状態動詞を含む文（例：「太郎は映画が好きだ」）では，目的語が「が」を担う（Kuno, 1973）。(20, 25) の動詞「逃げる」は，状態動詞ではない点に注意していただきたい。

の母語の規則をそのまま英語受動文にあてはめてしまうと，(26) のように，名詞句には前置詞の直後と主語位置の両方で格が与えられてしまう[13]。

(26)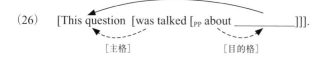

しかし，ひとつの名詞句が目的格と主格の両方をもつことはどの言語でも許されない (Uriagereka, 2008) ため，このような文は L2 学習者の文法でも許されないだろう。すると，L2 学習者は (26) のような構造を避けるため，たとえば，前置詞そのものを排除した構造 (27a)，あるいは，目に見えず，格も与えない前置詞 (φ と表記) を含む構造 (27b) をつくり，その結果，空前置詞が出現するのかもしれない (NP は noun phrase の略である)。

(27)

(27) の構造が実際に L2 学習者の頭の中で構築されているかどうかについては，さまざまな角度から検証が必要であり，本稿でこれを議論するのは時期尚早だが，まずは，前置詞が格を「与えない」ことが，空前置詞を引き起こす原因になりうるかどうかを調べるのが先決である。次節では，この点を調査するうえで必要なデータと，4 節で検証する仮説を提示する。

---

13 最新の生成文法の枠組み (Radford, 2016 ほか参照) に従えば，名詞句は前置詞から目的格を与えられた時点で，主格付与の対象から外れる。その結果，(26) では，主格がどの名詞句にも与えられなくなる。どちらの説明をとっても，本稿の議論には影響しない。

3. 本稿での仮説

2節では，先行研究での発見から，空前置詞の原因がひとつとは限らないことを見てきた。特に，受動文での空前置詞は，疑問文の場合とは別の原因によっても生じる（Hokari & Wakabayashi, 2009）ことを確認し，その原因は前置詞が格を「与えない」ことだと考察した。この考察が正しいかどうかを検証するには，疑問文と受動文だけでなく，関係節を加えた3構文で，空前置詞の容認や産出を比較するのが適切だろう。2.2で見たとおり，疑問文と関係節は，前置詞が格を「与える」という点で共通しており，この点で前置詞が格を「与えない」受動文とは異なる。したがって，前置詞が格を与えるかどうかが空前置詞の出現に関わる要因のひとつであれば，L2学習者は，疑問文と関係節での空前置詞に対して同じような反応を示すと考えられる。

また，異なる母語話者集団からのデータ収集も有益である。2.2で見たとおり，英語の受動文にあるような「目に見える形で現れるが，格を与えない前置詞」にあたる表現は，日本語にも仏語にもない。したがって，前置詞が格を「与えない」点が，空前置詞の出現要因であれば，日本語話者と仏語話者で同様の結果が予測される。以上をふまえ，本稿で検証する仮説を (28) に示す。4節では，Hokari (2015) の一部をもとに，(28) を検証する。

(28) 　前置詞が格を与えるかどうかが空前置詞の出現を左右する要因であれば，日本語話者，仏語話者ともに，疑問文や関係節に比べ，受動文で空前置詞の非文法性に気づくのは難しい。

4. Hokari (2015)

Hokari (2015) は，複数のタスクを用いて，空前置詞と文構造の関係を調査した。ここでは，コンピューターを用いた反応時間測定実験を見ていく。

4.1 参加者

英語母語話者20名，日本語話者32名，仏語話者21名が実験に参加した。これらは，当初，実験協力に同意してくれた全97名から，複数の言語

を併用する家庭で育った協力者や 6 歳以前に英語学習を始めた協力者など，ほかの参加者とは言語習得・使用の背景が異なる参加者を除いた人数である。仏語話者 1 名を除くすべての参加者が，英国または日本の大学に所属する学生もしくは教員だった。実験前後に，L2 学習者には，英語の熟達度を測定するためのテスト（Quick Placement Test: University of Cambridge Local Examinations Syndicate, 2001）を受けてもらった。その結果によると，日本語話者（*M(ean)* = 43.9; *S(tandard) D(eviation)* = 5.2）と仏語話者（*M* = 44.0; *SD* = 5.9）はともに中上級から上級にあたる英語学習者がほとんどで，グループとしての平均熟達度は同程度だった（$t(51)$= .092, p = .93）[14]。もちろん，個々の L2 学習者の熟達度は異なっており，それぞれのグループを，熟達度別にさらに細かくレベル分けすることもできた。しかし，この方法を採用すると各グループの人数が少なくなるため，レベル分けはしなかった。実験は英国と日本で行い，実験終了後に，謝金として £10 または ¥1,500 を全員に支払った。

4.2　前置詞付き動詞の選定と下位範疇知識の確認方法

　本稿で議論している空前置詞は，目標の下位範疇知識があっても，文構造の変化にともなって，前置詞を脱落させる誤りである。知識がないことによる前置詞脱落と空前置詞を区別するには，平叙文では前置詞が必要だと参加者が判断できることを確かめなければならない。反応時間測定実験を紹介する前に，どのようにして実験で使用する前置詞付き動詞を選んだのか，また，どのような方法で L2 学習者の下位範疇知識を確認したかを説明する。

　まず，前置詞付き動詞については，(29) の基準から，最終的に，*depend on, rely on, listen to, respond to, object to, account for* の 6 つを選んだ。

(29) a.　使用頻度が高い。
　　 b.　一部の例外的な用法を除き，動詞が他動詞用法をもたない。

14　Quick Placement Test の基準では，60 点満点中，40–47 点は中上級（Upper Intermediate），48–54 点は上級（Advanced）となり，それぞれ CEFR の B2, C1 レベルに相当する。これらのレベルの L2 学習者を対象としたのは，疑問文と関係節での空前置詞は，熟達度が高くなるにつれ減少するため（3c 参照），受動文との違いがはっきりすると期待できるためである。

c. 動詞に後続する前置詞（句）が付加詞（**adjunct**: 文構築上，随意的な要素）ではない。
  d. 動詞ができる限り特定の前置詞と組み合わせて使われる。
  e. 受動文で使用できる。

　調査に用いる前置詞付き動詞は，多くの参加者が知っているものがよい。そのため，大規模コーパスをもとに作成された *Longman Grammar of Spoken and Written English*（Biber, Johansson, Leech, Conrad, & Finegan, 1999）を参照し，その中で使用頻度が高いものを優先的に選んだ（29a）。次に，動詞が他動詞としても使用されるもの（例：*speak {English / to her}*）は含めないようにした（29b）。これは，参加者が，他動詞用法と自動詞用法（前置詞付き動詞としての用法）を混同しないようにするためである。また，前置詞（句）が付加詞として機能する組み合わせ（例：*walk with*）は排除し，前置詞（句）が文の成立に必要なものだけを選んだ（29c）。さらに，動詞と組み合わせられる前置詞の種類は少ないほうがよく，たとえば，*look* のように，複数の前置詞と組み合わせが可能な動詞（例：*look {at / after / for}*）は，意味の取り違えを招くおそれがある。これを防ぐため（29d）を設け，動詞ができる限り特定の前置詞と使われる組み合わせを選んだ[15]。最後に，本稿では受動文も調査項目に入るが，前置詞付き動詞の中には，特別な文脈がない限り，受動文では使用できないものも多い（例：**The club was belonged to by her*）[16]。このような前置詞付き動詞は調査材料としてふさわしくないため，文献調査と英語母語話者の協力による確認作業を通じて，通常受動文で使用しないものは除いた（29e）。以上の基準から，上記の6つの前置詞付き動詞を選定した。

15　この点については，British National Corpus をもとに，192 の動詞と前置詞の組み合わせについて共起頻度（動詞がどのくらいの頻度で，特定の前置詞と一緒に使われているか）を計算した Seilhamer（2011）を参考にした。たとえば，*rely*（*relies, relied, relying* を含む）が例外なく *(up)on* とともに使われていた場合，*rely* と *(up)on* の共起頻度は 100％である。調査で使用した6つの組み合わせの共起頻度は，*depend (up)on* が 99.5％，*rely (up)on* が 100％，*listen to* が 68.2％，*respond to* が 69.4％，*object to* が 67.3％，*account for* が 99.4％（Seilhamer, 2011, p. 28 および p. 38）で，いずれも共起頻度の高い組み合わせ上位 20％に含まれていた。

16　詳細については，Takami（1992），高見（1995）を参照されたい。

次に，これらの動詞に対する下位範疇知識の確認方法とその結果を述べる。文法性判断タスクを用いた研究 (例: Klein, 1993) では，前置詞を除いた平叙文 (例: *The students talked the topic at the meeting) を誤りだと判断し，前置詞を補う訂正ができるかどうかを見ることで，これを確認している。しかし，反応時間測定実験では参加者に訂正を求めることが難しく，同じ方法を採用できない。代わりに，Hokari (2015) は，反応時間測定実験とは別に**翻訳タスク (translation task)** を行い，L2 学習者の下位範疇知識を確認した。このタスクは，指定した 3 つの英単語を使って，L2 学習者の母語 (日本語または仏語) で書かれた文を英訳してもらう内容だった。その問題例は，図 2, 図 3 に示したとおりである (ここでは，期待される回答も掲載した)。

Q.	毎朝父はラジオでニュースを聞きます。
	(every, news, listen)
回答例 : My father listens to the news on the radio every morning.	

図 2　日本語話者への提示文の例 (Hokari, 2015, p. 159)

Q.	Certains de mes amis n'ont pas répondu à ma lettre.
	(respond, some, letter)
回答例 : Some of my friends did not respond to my letter.	

図 3　仏語話者への提示文の例 (Hokari, 2015, p. 159)

指定した単語には，調査対象の動詞 (図 2 では *listen*，図 3 では *respond*) は含めたが，前置詞は含めなかった。ここでは，翻訳の際に前置詞を補うことができたかどうかを見ることで，L2 学習者の下位範疇知識を調べた。

調査対象の動詞を含む 6 文は，実験目的を悟られないための錯乱文 12 文を加え，順番をばらばらにして提示した。ただし，提示順序をひとつに固定すると，学習効果 (実験が進むにつれて回答傾向が変わること) による影響が大きくなるため (Cowart, 1997)，提示順序を逆にしたふたつの問題冊子を作成し，どちらかを各参加者に配布した。問題は 1 ページに 1 問ずつ提示し，参

加者には，提示順序どおりに回答し，前の問題には戻らないよう指示した。

データ分析では，指定した動詞を使用し，かつ，前置詞を補えた回答を正答（目標の下位範疇知識が確認できた）とみなした。誤った前置詞の使用（例：*depend to）も日本語話者で5例，仏語話者で7例あったが，これも正答とした（Klein, 1993; Perpiñán, 2010）。ここでの目的は，「調査で用いる動詞が前置詞句をとる」ことを知っているかどうかの確認であり，「適切な前置詞を使える」かどうかの確認ではないからである。以上の分析方法で算出した翻訳タスクの結果を表1にまとめた。表1の数値は各動詞の正答者数を示す。グループごとの人数が異なるため，括弧内に正答者の割合も併記した。

表1のとおり，日本語話者と仏語話者で反応が類似している動詞（depend on, rely on, object to）と異なる動詞（listen to, respond to, account for）があった。また，動詞ごとにも反応の違いがあった。このような結果も興味深いが，ここでの目的は，反応時間測定実験で分析対象とするデータを決めることである。この点からすると，仏語話者で正答者が少ない account for は分析できない。したがって，account for を用いたすべての実験文を，反応時間測定実験での分析から除いた（4.4 も参照）。ほかの動詞に関しては，ふたつの分析方法がある。ひとつは，すべての動詞で前置詞を補えた参加者だけを分析する方法で（Perpiñán, 2010），もうひとつは，前置詞を補えた動詞を参加者ごとに抽出し，その動詞だけを分析する方法である（Klein, 1993）。前者の方法を用いると，分析する文の数が参加者間で一定になり，データ分析は容易になるが，多くの参加者・データを分析から除いてしまう。一方，後者の方法では，参加者ごとに分析する文の数が異なるため，分析が複雑になるが，より多くの参加者・データを分析できる利点もある。4.1 で述べたとおり，実験参加者の人数は多くなかったため，後者の方法を採用した。

表1　各前置詞付き動詞の正答者数とその割合（Hokari, 2015, p. 163）

グループ		depend on	rely on	listen to	respond to	object to	account for
日本語話者	(n = 32)	32（100%）	32（100%）	31（97%）	25（78%）	17（53%）	18（56%）
仏語話者	(n = 21)	21（100%）	21（100%）	16（76%）	21（100%）	11（52%）	2（10%）

4.3 実験方法

実験では，**自己ペース読みタスク**（**self-paced reading task**）を行った。自己ペース読みタスクは，心理言語学実験で用いられるデータ収集法のひとつで，専用のソフトを搭載したコンピューターと入力装置（ソフトに付随した装置など）を用いて行われる。このタスクは，入力装置を使って，モニター上に現れる実験文を参加者に読み進めてもらい，その読み時間を 1,000 分の 1 秒単位で測定する実験で，実験文の提示方法に特徴がある。実験の目的に応じて多少の違いはあるが（Jiang, 2012; Marinis, 2010），実験文は文頭から単語（または句）ごとに提示される。提示方法のひとつである単語単位の**移動窓読文法**（**self-paced moving window paradigm**: Just, Carpenter, & Woolley, 1982）を例にあげると，まず，モニター上にハイフンが現れる（図 4 参照）。参加者が入力装置のボタンを押すと，最初の単語が現れ，ハイフンと置き換わる。もう一度ボタンを押すと，次の単語が出現し，同時に，最初の単語はハイフンに戻る。参加者はこの作業を繰り返して文を読み進めるが，一度読み終えた単語には戻れないようになっている。そのため，参加者には，内容を理解しながら，自分のペースで文を読んでもらう。この提示方法では，参加者が各単語を読むのに費やした時間がコンピューターに記録される。加えて，参加者が文の内容をきちんと理解しながら読んでいるかどうかを確認するため，実験文を読み終えた後に，その文に関する内容理解問題（Jiang, 2007）や真偽判断問題（Bannai, 2011）に答えてもらう場合もある。

図 4　移動窓読文法による実験文の提示例

自己ペース読みタスクは，人間が文を理解する際の方略を調べる方法（須田，2017 参照）としてだけでなく，非文法文に対する知識を測定する目的でも用いられる（Hopp, 2010; Shibuya & Wakabayashi, 2008）。これは，人間の

無意識的な反応を利用したもので，参加者に文法文（例：*He walks* ...）と非文法文（例：*He walk ...）を読んでもらい，誤りが判明する箇所（下線部）の読み時間を比べると，目標の文法知識をもつ参加者（例：TL の母語話者）は，非文法文を読んだ際に極めて短い時間だが，読み時間に遅れが出る。自己ペース読みタスクでは，この反応を利用して，参加者の頭の中で非文法文が非文法的と処理されているかどうかが調べられる。このタスクでは，参加者は実験文が文法的に正しいかどうかを判断する必要がなく，読み時間も参加者が意識的に操作できない極めて短い時間単位で測定されるため，参加者の頭の中にある無意識的な知識をより正確に調べられる（Jiang, 2012）。

　この手法は空前置詞の調査にも応用できる[17]。もし参加者の頭の中で空前置詞が非文法的と処理されていれば，前置詞を含まない文（30b）で前置詞脱落が判明する箇所（下線部）の読み時間は，前置詞を含む文（30a）の同じ箇所の読み時間よりも遅くなるはずである。Hokari (2015) では，このような文での読み時間を比較し，L2 学習者のもつ文法知識を調査した。

(30) a. 　前置詞あり： The doctor that my father relied on was generous.
　　 b. 　前置詞なし：*The doctor that my father relied was generous.

4.3.1　実験文

　4.2 で選定した 6 つの前置詞付き動詞それぞれに対して，（能動）平叙文，疑問文，関係節，受動文を 2 文ずつ作成した。調査の内容は疑問文，関係節，受動文で空前置詞の出現に違いがあるかどうかだが，そもそも平叙文で参加者が前置詞脱落に気づけない（読み時間に遅れが生じない）とすれば，実験は成立しない。そこで，平叙文も実験に含めた。(31–34) に例示したように，同じ構造・前置詞付き動詞を含む 2 文は，前置詞の有無以外は内容が同一の**最小対（minimal pair）**である。実験では，（前置詞を含まない文で）

17　時間制限の「ない」判断課題では，英語母語話者でも前置詞の脱落を容認する場合がある（Radford, Felser, & Boxell, 2012）。このようなことは時間制限が「ある」場合には起こらない（同上）ため，時間があることにより，英語母語話者でも，無意識に文脈や文中の別の単語から前置詞（の意味）を推測し，前置詞がない文を容認してしまう場合があるのだろう。この点からも，自己ペース読みタスクのような課題を行うことには利点がある。

前置詞脱落が判明する単語とこれに続く語（下線部の 2 単語）の読み時間を測定し，前置詞を含む文と含まない文で比較した。前置詞脱落が判明する箇所の後の語も分析対象としたのは，読み時間の遅れが非文法的と判明する箇所の後にも及ぶこと（**波及効果，spillover effect**）があるためである。

(31) a. 平叙文（前置詞あり）： Sam's claim that the customer never responded to the letter turned out to be false.
　　 b. 平叙文（前置詞なし）：*Sam's claim that the customer never responded the letter turned out to be false.
(32) a. 疑問文（前置詞あり）： Ann's question of which letter the customer never responded to turned out to be minor.
　　 b. 疑問文（前置詞なし）：*Ann's question of which letter the customer never responded turned out to be minor.
(33) a. 関係節（前置詞あり）： The letter that the customer never responded to turned out to be important.
　　 b. 関係節（前置詞なし）：*The letter that the customer never responded turned out to be important.
(34) a. 受動文（前置詞あり）： Tom's guess that the letter was never responded to turned out to be right.
　　 b. 受動文（前置詞なし）：*Tom's guess that the letter was never responded turned out to be right.

　同じ文タイプの実験文（例：前置詞を含まない受動文）は，構造や全体の単語数を一定にし，音節数もほぼ同一（誤差 ± 1 音節以内）になるよう統制した。また，使用単語も参加者にとって親しみがあるものを使用した。具体的には，冠詞などの機能語や人物名（例：*Sam*）を除く単語は，日本語話者の英単語（計 2,999 語）に対する親密度を調査した横川（2006）を参照し，親密度の高い単語（7 段階評価中，親密度 4.0 以上の語）のみを使用した。
　以上の統制のもとに作成した 48 文（6 前置詞付き動詞 × 4 構文 × 2 条件 [± 前置詞]）は，32 文（16 ペア）の錯乱文と一緒に提示した。ただし，同じ参加者が最小対をなす文（例：34a と 34b）を読むことには問題があるため，

作成した文をふたつのリストに分割し，最小対をなす文が同じ参加者に割りあてられないようにした (Jegerski, 2014)。したがって，各参加者には，計 40 文（実験文 24 文＋錯乱文 16 文）が割りあてられた。実験文は参加者ごとに提示順番が異なるよう，あらかじめプログラムを設定した。

4.3.2　実験手順

　実験は，DMDX Version 4 (Forster & Forster, 2003) を搭載したコンピューターを用いて行った[18]。入力装置には市販のゲームコントローラーを使用した。実験文の提示方法については，単語単位の移動窓読文法（図 4 参照）を採用し，参加者には，内容を理解しながら，単語ごとに提示される文を読んでもらった。また，参加者が内容を理解しながら読んでいるかどうかを確認するため，各参加者に割りあてた文の半数（20 文）に，真偽判断問題を付与した。この問題は，実験文（例：*The letter that the customer never responded to turned out to be important*）を読み終わった直後にモニターに現れた別の文の内容（例：*The letter was sent to the customer last month*）が，実験文の内容と照らし合せて「真 (true)」か，「偽 (false)」か，または，判断に必要な情報が実験文になく，「真偽を決められない (cannot decide)」かを判断してもらう内容だった（上記の問題では，手紙がいつ送られたかに関して，実験文では何も述べられていないため，「真偽を決められない」が正答になる）。

　実験は，調査者が用意した個室で個別または 2 名ずつ行った。実験前には，練習問題 4 文を使い，参加者に機械操作と手順に慣れてもらった。

4.4　データ選択とトリミング

　自己ペース読みタスクなど，1,000 分の 1 秒単位で反応時間を測定する実験では，さまざまな影響によってデータが歪んでしまう。たとえば，くしゃみやあくびといった生理現象でさえ，データに影響が出る。そのため，参加者の文法をより正確に反映した（と考えられる）データを抽出し，そのうえで，データのトリミングを行う必要がある。

18　DMDX は，アリゾナ大学の Kenneth Forster らによって開発された Windows OS 用の心理（言語）学実験ソフトである。

はじめに，真偽判断問題の正答率が 80% に満たない参加者を分析から外した (Jiang, 2007)。これは，文の内容を理解できていない参加者や，内容を理解せずにタスクを行っている参加者を除くためである。この基準から，英語母語話者 2 名，日本語話者 12 名，仏語話者 5 名を除いた。

次に，分析対象に残った参加者（英語母語話者 18 名，日本語話者 20 名，仏語話者 16 名）について，分析するデータを選択した。まず，*account for* を含む実験文すべてを分析から除いた (4.2 参照)。また，L2 学習者については，参加者ごとに，翻訳タスクで目標の下位範疇知識が確認できなかった動詞を抽出し，これらの動詞を含む実験文も，参加者ごとに分析から外した。

続けて，分析対象に残ったデータについて，**外れ値 (outlier)** のトリミングを行った。外れ値とは，平均的なデータとは著しく異なるデータを指し，自己ペース読みタスクでは，極端に読み時間の長いデータや短いデータを指す。これらのデータは，参加者が正常にタスクをこなしているときにはない何らかの影響を受けた可能性がある。たとえば，長い読み時間は物音に反応してしまった場合，短い読み時間は誤ってボタンを立て続けに押してしまった場合などが考えられる。このような外れ値が平均読み時間に与える影響を少なくするため，トリミングは欠かせない。どのデータを外れ値とみなすかという基準とトリミングの方法は研究ごとに異なるが（橋本，2011 参照），ここでは，以下の基準とトリミング方法を採用した。まず，分析対象とした 2 単語それぞれの平均読み時間を，グループ・構文・条件（[±前置詞]）ごとに算出した（例：日本語話者による前置詞を含まない受動文の *turned* の読み時間：34b 参照）。次に，この平均読み時間 (M) から標準偏差 (SD) ± 2 倍を超える場合を外れ値と定義し，すべての外れ値を $M \pm 2SD$ の値で置き換えた (Hopp, 2006)。このトリミングを受けたデータは，英語母語話者で全体の 5.0%，日本語話者で 5.6%，仏語話者で 6.0% だった。

以上の作業で選択およびトリミングしたデータを統計解析に用いた[19]。統計解析の方法としては，分散分析 (analysis of variance, ANOVA) を用いて構

19　反応時間データは分布が正に歪む（多くのデータが 0 に近い方向に集まる）特徴がある。このままだと，データの正規分布を前提とした統計手法（例：t 検定）にはふさわしくないため，実際の統計解析では，対数変換した読み時間を使用した (Juffs, 2005)。

文×条件（[±前置詞]）×グループを同時に比較する方法が考えられる。しかし，(31–34) に例示したとおり，実験文の長さは構文ごとに異なっていたため，構文間で読み時間を比較するのは難しい[20]。また，グループ間で読み時間を比べることも，本調査では重要でない。一般的に，L2 学習者の言語運用能力は，文法性に対する判断がどの程度はっきりしているか (Gass, 1994) や，記憶の容量といった言語処理に用いることができる資源 (Sorace & Filiaci, 2006) など，さまざまな面で，TL の母語話者よりも限られている。そのため，L2 学習者が TL の母語話者と同質の文法知識をもっていたとしても，量的に同程度の結果が得られるわけではなく，グループ間（特に，TL の母語話者と L2 学習者間）での比較から，L2 学習者がもつ文法知識について，有益な情報が得られるとは限らない (Bley-Vroman, 1983; Dekydtspotter, Schwartz, & Sprouse, 2006)[21]。より重要なのは，TL の母語話者が示す文法文と非文法文での反応の違い（本調査では，前置詞脱落によって生じる（と予測される）読み時間の遅れ）が，L2 学習者の間でも見られるかどうかである (Hawkins, 2012; Slabakova, 2016)。この理由から，統計解析はグループ・構文別に実施し，t 検定（対応あり，両側検定，有意水準 5%）を用いて，参加者分析 (participant analysis) と項目分析 (item analysis) を行った (Jegerski, 2014; Jiang, 2007)。参加者分析とは，参加者ごとに，同じ文タイプの実験文の平均読み時間を算出し，その値を分析に用いる方法である。本実験でいえば，たとえば，参加者ごとに，前置詞を含む受動文と前置詞を含まない受動文での平均読み時間をそれぞれ算出し，このふたつの値をグループ内で比較する分析にあたる。項目分析とは，個々の実験文に対する平均読み時間をグループ内で算出し，この値を分析に用いる方法である。本実験でいうと，たとえば，前置詞を含む受動文（例：34a）それぞれの平均読み時間をグループ内で計算し，これらの値を，前置詞を含まない受動文（例：34b）それぞれの

---

20 構文ごとに文の長さが違うのは，最低限必要になる単語（特に，機能語）の数が，構文ごとに異なるからである。同じ構文（例：受動文）でも，前置詞を含まない文は，前置詞を含む文よりも 1 語少ないが，この場合，読み時間の遅れが予想される文（つまり，前置詞を含まない文）のほうが，単語数が少ない点に注意されたい。
21 もちろん，調査目的が「ある文法項目について，L2 学習者が TL の母語話者と同程度の運用能力を獲得できるか」などであれば，グループ間の比較が重要な意味をもつ。

平均読み時間と比較し，前置詞を含む場合と含まない場合で，読み時間に違いがあるかを分析する方法に相当する。

4.5 結果

まずは，英語母語話者の結果から見ていく。表2では，分析対象とした2単語（平叙文では the と名詞，そのほかの構文では turned と out）それぞれの平均読み時間（ミリセカンド単位）を，構文（平叙文，疑問文，関係節，受動文），条件（［±前置詞］）ごとにまとめた。加えて，前置詞を含まない文での平均読み時間から，前置詞を含む文での平均読み時間を引いた読み時間の差も併記した。この値が正の場合，前置詞を含む文での読み時間よりも，前置詞を含まない文での読み時間のほうが，少なくとも数値上では遅いことを示し，負の場合はその逆である。また，その読み時間の差が統計上有意な差だった場合，上付き文字で，p/i, p, または，i を付与した。p/i が付与された箇所は，参加者分析と項目分析の両方で有意差があった場合，p が付与された箇所は，参加者分析のみ有意差が見られた場合，i が付与された箇所は，項目分析のみ有意差が確認された場合を示す。統計解析の詳細結果については付録をご覧いただきたい。

平叙文について見ると，前置詞を含まない文の単語1の読み時間は，前置詞を含む文の単語1よりも遅く，この読み時間の差は，参加者分析，項目分析ともに有意な差だった。また，平叙文では単語1に加え，単語2でも同じ結果（すなわち，波及効果）が見られた。そのほかの構文についても，前置詞を含まない文での読み時間は，前置詞を含む文での読み時間よりも遅く，疑問文と受動文では，単語1の読み時間に，参加者分析でも項目分析でも有意差があり，単語2についても，疑問文では参加者分析，項目分析の両方で，受動文では項目分析で有意な読み時間の差（波及効果）があった。一方，関係節については，単語1に対する参加者分析で有意な読み時間の差があり，項目分析では有意傾向が見られた（$p = .07$; 付録参照）[22]。

---

22 関係節での項目分析が有意傾向だった理由については，現時点ではっきりとしないが，実験文の数が原因かもしれない。この点ついては，再度5節で論じる。

表 2　英語母語話者の読み時間（Hokari, 2015, p. 266 および p. 269）

グループ・構文・条件			単語 1 M (SD)	単語 2 M (SD)
英語母語話者 ($n = 18$)	平叙文	(a) 前置詞あり	347　(131)	375　(158)
		(b) *前置詞なし	482　(308)	596　(401)
		(c) 差 (b − a)	136$^{p/i}$	221$^{p/i}$
	疑問文	(a) 前置詞あり	398　(178)	342　(120)
		(b) *前置詞なし	578　(360)	513　(302)
		(c) 差 (b − a)	180$^{p/i}$	172$^{p/i}$
	関係節	(a) 前置詞あり	394　(207)	348　(171)
		(b) *前置詞なし	609　(419)	400　(200)
		(c) 差 (b − a)	215^{p}	53
	受動文	(a) 前置詞あり	422　(241)	345　(139)
		(b) *前置詞なし	714　(544)	414　(211)
		(c) 差 (b − a)	293$^{p/i}$	69^{i}

　次に，L2 学習者の結果（表 3）を見ていこう。数値や記号が表す意味は表 2 と同じである。日本語話者の結果を見ると，平叙文の単語 1 について，参加者分析，項目分析の両方で有意な読み時間の差があり，前置詞を含まない文での読み時間のほうが遅かった。一方，疑問文と関係節の単語 1 では，参加者分析において有意な読み時間の差が見られたものの，項目分析では有意傾向だった（疑問文：$p = .09$; 関係節：$p = .05$; 付録参照）。受動文については，単語 1 に対する項目分析で読み時間の差に有意傾向が見られただけで（$p = .08$; 付録参照），参加者分析では，有意な読み時間の差はなかった。

　仏語話者について見ると，関係節の単語 1 では，参加者分析，項目分析ともに有意な読み時間の差があったが，平叙文ならびに疑問文で読み時間に有意差が確認できたのは参加者分析だけだった（平叙文の単語 1 と単語 2，ならびに，疑問文の単語 1）。一方，受動文の単語 1 の読み時間は，前置詞を含まない場合のほうが遅い傾向にあった（参加者分析：$p = .07$; 項目分析：$p = .08$; 付録参照）ものの，その差は有意ではなかった。

表 3　L2 学習者の読み時間 (Hokari, 2015, p. 266 および p. 269)

グループ・構文・条件			単語 1 M	(SD)	単語 2 M	(SD)
日本語話者 (n = 20)	平叙文	(a) 前置詞あり	364	(150)	507	(307)
		(b) *前置詞なし	560	(328)	590	(362)
		(c) 差 (b − a)	197[p/i]		84	
	疑問文	(a) 前置詞あり	591	(420)	375	(192)
		(b) *前置詞なし	743	(516)	362	(192)
		(c) 差 (b − a)	152[p]		−13	
	関係節	(a) 前置詞あり	508	(395)	381	(154)
		(b) *前置詞なし	744	(465)	354	(114)
		(c) 差 (b − a)	236[p]		−27	
	受動文	(a) 前置詞あり	654	(508)	434	(171)
		(b) *前置詞なし	795	(560)	498	(310)
		(c) 差 (b − a)	142		64	
仏語話者 (n = 16)	平叙文	(a) 前置詞あり	347	(99)	369	(134)
		(b) *前置詞なし	459	(222)	550	(378)
		(c) 差 (b − a)	112[p]		181[p]	
	疑問文	(a) 前置詞あり	463	(300)	343	(107)
		(b) *前置詞なし	546	(285)	376	(107)
		(c) 差 (b − a)	83[p]		34	
	関係節	(a) 前置詞あり	420	(179)	350	(126)
		(b) *前置詞なし	618	(361)	468	(274)
		(c) 差 (b − a)	198[p/i]		118	
	受動文	(a) 前置詞あり	485	(212)	490	(233)
		(b) *前置詞なし	646	(409)	482	(237)
		(c) 差 (b − a)	161		−8	

5.　全体をとおしての考察と結論

　4 節では，Hokari (2015) の自己ペース読みタスクをもとに，疑問文，関係節，受動文（ならびに平叙文）それぞれにおいて，前置詞を含む文と含ま

ない文での特定の単語の読み時間を比較し，参加者の頭の中で，前置詞脱落（空前置詞）が非文法的と処理されているかどうかを見てきた。これにより，空前置詞を引き起こす原因の一端が，前置詞が格を「与えない」ことにあるかどうかを検証した。

まず，英語母語話者については，関係節での項目分析が有意傾向だった点は予想外だったが，この点を除けば期待したとおりの結果で，参加者分析，項目分析ともに，前置詞脱落に際して，有意な読み時間の遅れが観察された。この点から，英語母語話者のように，前置詞の脱落を許さない文法をもつ参加者は，脱落に気づくと，読み時間の遅れを示すことがわかった。

一方で，L2学習者の反応は，予測どおりの部分とそうでない部分があった。予測したとおり，前置詞が格を「与えない」受動文では，日本語話者，仏語話者ともに，前置詞脱落に対して有意な読み時間の遅れを示さなかった。このことから，L2学習者にとって，受動文で空前置詞の非文法性に気づくのは困難だったといえる。そのほかの構文に対するL2学習者の反応は，期待したとおりの部分とそうでない部分があり，参加者分析においては，（期待したとおり）すべての構文で，前置詞を含まない場合に有意な読み時間の遅れが生じたが，（期待に反して）項目分析でも統計上有意な読み時間の遅れが見られたのはごく少数だった（日本語話者の平叙文と仏語話者の関係節）。

これらの結果から，(28)で提示した本稿での仮説（35に再掲）を検証すると，仮説が全面的に支持されたとはいえない。L2学習者にとって，受動文での空前置詞に気づくのが難しいという点は仮説と一致するが，そのほかの構文のほとんどで，項目分析において統計上有意な読み時間の遅れが確認できなかったため，受動文と明確な違いがあったとは結論づけられない。

(35) 前置詞が格を与えるかどうかが空前置詞の出現を左右する要因であれば，日本語話者，仏語話者ともに，疑問文や関係節に比べ，受動文で空前置詞の非文法性に気づくのは難しい。

しかしながら，(28/35)の仮説が完全に棄却されたともいいきれないだろう。疑問文と関係節に対する参加者分析では，日本語話者，仏語話者ともに

統計上有意な読み時間の遅れが出ており，この点において，参加者分析でも統計上有意な読み時間の遅れが確認できなかった受動文とは違いがあった。また，L2学習者の結果をよく見ると，項目分析だけで有意差が認められた箇所はなく，少数だが，項目分析で有意差があった箇所は，参加者分析でも必ず有意差があった。これらの点から推測すると，項目分析では，統計上の有意差が出にくい別の理由があった可能性がある。

　通常，実験の統制が十分で，十分な数の参加者と実験文が確保されていれば，参加者分析と項目分析では一貫した結果が得られる。しかし，本実験で用意した実験文の数は，文タイプ（31–34 参照）につき 6 文（*account for* を分析から除いたため，実際に分析したのは 5 文）と少数だったため，L2学習者から統計上信頼性の高い結果を得るには，実験文の数が十分でなかったかもしれない。実際，英語母語話者の結果でも，参加者分析では有意差があったが，項目分析では有意傾向だった箇所（すなわち関係節の単語 1）があり，このことも，実験文の数が十分でなかったことを示しているのだろう[23]。

　このように，実験文の数を少なくせざるをえなかったことにはふたつ理由がある。まず，4.2 で議論したとおり，前置詞付き動詞といっても，使用頻度，自動詞（前置詞付き動詞）としての用法に加え，他動詞としても使用される場合があるかどうか，異なる前置詞と組み合わせることができるかなど，さまざまな違いがあり，その性質は一様でない（29 参照）。L2学習者の反応や言語使用については，TL の母語話者以上に多くの要因が複合的に影響するため，さまざまな要因を考慮し，これらを統制する必要があった。その結果，同等の条件（29 参照）を満たす前置詞付き動詞が少数だった。また，本稿で紹介した Hokari（2015）のもともとの目的は，種類の異なる複数の実験（判断実験，産出実験，反応時間測定実験）を同じ参加者に行い，さまざまな角度（判断側面，産出側面，処理側面）から，空前置詞を生じさせる L2学習者の文法知識，言語運用能力を解明する点にあった[24]。そのため，参加

---

[23] 統計上信頼性の高い結果を得るために必要な実験文の数が，TL の母語話者と L2 学習者で同じとは限らない。4.4 でも議論したとおり，L2 学習者の反応は，TL の母語話者以上に，さまざまな要因から影響を受ける。そのため，L2 学習者から統計上信頼性の高い結果を得るには，TL の母語話者よりも多くの実験文が必要になるだろう。
[24] 判断実験でも産出実験でも，受動文では，空前置詞が最も高い割合で容認・産出され

者の集中力や疲労具合を考慮し，個々のタスクの規模を小さくせざるをえなかったことも，実験文の数が限られた理由である。

このような実験デザイン上の制約があったため，残念ながら，本稿で紹介した実験から，仮説を十分に検証するまでには至らなかった。したがって，今後，実験文を増やし，同様の調査を行う必要がある。その際，L2学習者の熟達度による文法発達の過程や度合いを見ていくことも重要である。加えて，ほかの母語をもつ英語学習者への検証も必要だろう。特に，英語と同じような受動文（例：11, 13）が許され，「目に見える形で現れるが，格を与えない前置詞」があると期待される言語（例：スウェーデン語）の話者からデータを収集する必要がある。これらの課題は残されたが，疑問文や関係節での空前置詞だけでなく，受動文での空前置詞も，学習者の母語の違いを超えて見られる誤りであることや，言語記述に基づき，誤りの原因をひとつひとつ検証していくことの重要性は示すことができただろう。

付録　t 検定（対応あり，両側検定，有意水準 5%）の結果
（Hokari, 2015, p. 266 および p. 271）

グループ・構文	単語1 参加者分析 t	p^a	r	単語1 項目分析 t	p	r	単語2 参加者分析 t	p	r	単語2 項目分析 t	p	r
英語母語話者 ($n=18$)												
平叙文	−3.04	.01	.59	−3.08	.04	.84	−3.03	.01	.59	−5.52	.01	.94
疑問文	−3.19	.01	.61	−5.04	.01	.93	−2.75	.01	.56	−7.49	.00	.97
関係節	−3.29	.00	.62	−2.53	.07	.78	−1.51	.15	.34	−1.65	.18	.64
受動文	−2.69	.02	.55	−6.21	.00	.95	−1.52	.15	.35	−3.98	.02	.89
日本語話者 ($n=20$)												
平叙文	−3.62	.01	.64	−5.08	.01	.93	−1.14	.27	.25	−1.01	.37	.45
疑問文	−2.27	.04	.46	−2.23	.09	.74	0.67	.051	.15	1.05	.34	.46
関係節	−2.53	.02	.50	−2.74	.052	.81	0.86	.40	.19	0.76	.49	.35
受動文	−1.19	.25	.26	−2.38	.08	.77	−1.21	.24	.27	−1.28	.27	.54
仏語話者 ($n=16$)												
平叙文	−2.92	.01	.60	−2.04	.11	.51	−3.04	.01	.62	−1.81	.15	.45
疑問文	−2.18	.045	.49	−0.94	.40	.42	−1.20	.25	.30	−1.27	.27	.54
関係節	−3.25	.01	.41	−3.19	.03	.85	−1.95	.07	.20	−2.28	.09	.75
受動文	−1.97	.07	.21	−2.31	.08	.76	0.36	.72	.01	0.72	.51	.34

注：a 小数点第 2 位以下を四捨五入すると有意差の有無がわかりにくい箇所は，小数点第 3 位までの結果を記載した。

ており，この結果は日本語話者と仏語話者で同じだった（Hokari, 2015, Ch.5 参照）。

本稿で紹介する実験は，筆者の博士論文（Hokari, 2015）の一部に基づく。編者の白畑知彦先生と須田孝司先生には，何度も原稿に目を通していただき，その度に貴重なコメントと励ましの言葉をいただいた。記して感謝を申し上げたい。また，草稿の段階で多くのコメントいただいた若林茂則先生，秋本隆之氏，ならびに，博士論文を指導してくださったFlorence Myles 先生にも感謝したい。本稿における不備や誤りはすべて筆者の責任である。

参考文献

Abels, K. (2003). *Successive cyclicity, anti-locality, and adposition stranding* (Doctoral dissertation, University of Connecticut). Retrieved from ProQuest Dissertations and Theses database. (UMI No. 3104085)
青柳宏. (2006).『日本語の助詞と機能範疇』. 東京：ひつじ書房.
Baltin, M., & Postal, P. M. (1996). More on reanalysis hypotheses. *Linguistic Inquiry, 27*, 127–145.
Bannai, M. (2011). The nature of variable sensitivity to agreement violations in L2 English. In L. Roberts, G. Pallotti, & C. Bettoni (Eds.), *EUROSLA yearbook volume 11* (pp. 115–137). Amsterdam/Philadelphia: John Benjamins.
Biber, D., Johansson, S., Leech, G., Conrad, S., & Finegan, E. (1999). *Longman grammar of spoken and written English*. Essex: Pearson.
Bley-Vroman, R. (1983). The comparative fallacy in interlanguage studies: The case of systematicity. *Language Learning, 33*, 1–17.
Botwinik, I. (2011). The two sources of null prepositions in second language acquisition: A comparison between L2 English and L2 Hebrew. *Brill's Journal of Afroasiatic Languages and Linguistics, 3*, 22–53.
Chomsky, N. (1981). *Lectures on government and binding: The Pisa lectures*. Berlin: Mouton de Gruyter.
Cowart, W. (1997). *Experimental syntax: Applying objective methods to sentence judgments*. Thousand Oaks, CA: SAGE.
Dekydtspotter, L., Schwartz, D. B., & Sprouse, A. (2006). The comparative fallacy in L2 processing research. In M. G. O'Brien, S. Christine, & J. Archibald (Eds.), *Proceedings of the 8th Generative Approaches to Second Language Acquisition Conference (GASLA 2006): The Banff Conference* (pp. 33–40). Somerville, MA: Cascadilla Proceedings Project.
Dekydtspotter, L., Sprouse, R. A., & Anderson, B. (1998). Interlanguage A-bar dependencies: Binding construals, null prepositions and universal grammar. *Second Language Research, 14*, 341–358.
Forster, K. I., & Forster, J. C. (2003). DMDX: A Windows display program with millisecond accuracy. *Behavior Research Methods, Instruments, & Computers, 35*, 116–124.
Gass, S. M. (1994). The reliability of second-language grammaticality judgments. In E. E.

Tarone, S. M. Gass, & A. D. Cohen (Eds.), *Research methodology in second-language acquisition* (pp. 303–322). Mahwah, NJ: Lawrence Erlbaum Associates.
半田真季子. (2004).「日本人英語学習者の空前置詞現象について」(卒業論文). 群馬県立女子大学, 群馬 .
橋本健一. (2011).「反応時間測定実験における外れ値の取扱い：L2 心理言語実験の場合」. 外国語教育メディア学会関西支部 (編).『より良い外国語教育のための方法』(pp. 133–145). Retrieved from http://www.mizumot.com/method/hashimoto.pdf
Hawkins, R. (2012). Knowledge of English verb phrase ellipsis by speakers of Arabic and Chinese. *Linguistic Approaches to Bilingualism, 2*, 404–438.
穂苅友洋. (2010).「空前置詞と語順」.『人文研紀要』*69*, 79–103.
Hokari, T. (2015). *Null prepositions in A- and A′-constructions by French and Japanese second language learners of English* (Unpublished doctoral dissertation). University of Essex, Colchester, Essex.
穂苅友洋. (2016).「日本語母語話者の中間言語における英語受動形態素の統語性質：日本語間接受動文の影響から」.『人文研紀要』*83*, 61–107.
Hokari, T., & Wakabayashi, S. (2009). Null prepositions in wh-questions and passives. In M. Bowles, T. Ionin, S. Montrul, & A. Tremblay (Eds.), *Proceedings of the 10th Generative Approaches to Second Language Acquisition Conference (GASLA 2009)* (pp. 35–45). Somerville, MA: Cascadilla Proceedings Project.
Hopp, H. (2006). Syntactic features and reanalysis in near-native processing. *Second Language Research, 22*, 369–397.
Hopp, H. (2010). Ultimate attainment in L2 inflection: Performance similarities between non-native and native speakers. *Lingua, 120*, 901–931.
Hornstein, N., & Weinberg, A. (1981). Case theory and preposition stranding. *Linguistic Inquiry, 12*, 55–91.
Hoshi, H. (1999). Passives. In N. Tsujimura (Ed.), *The handbook of Japanese linguistics* (pp. 191–235). Malden, MA: Blackwell.
Ishizuka, T. (2012). *The passive in Japanese: A cartographic minimalist approach*. Amsterdam/Philadelphia: John Benjamins.
Jegerski, J. (2014). Self-paced reading. In J. Jegerski & B. VanPatten (Eds.), *Research methods in second language psycholinguistics* (pp. 20–49). New York: Routledge.
Jiang, N. (2007). Selective integration of linguistic knowledge in adult second language learning. *Language Learning, 57*, 1–33.
Jiang, N. (2012). *Conducting reaction time research in second language studies.* New York: Routledge.
Jones, M. A. (1996). *Foundations of French syntax*. Cambridge: Cambridge University Press.
Jourdain, S. (1996). *The case of null-prep in the interlanguage of adult learners of French*

(Doctoral dissertation, Indiana University). Retrieved from ProQuest Dissertations and Theses database. (UMI No. 9716454)
Juffs, A. (2005). The influence of first language on the processing of *wh*-movement in English as a second language. *Second Language Research, 21*, 121–151.
Just, M. A., Carpenter, P. A., & Woolley, J. D. (1982). Paradigms and processes in reading comprehension. *Journal of Experimental Psychology: General, 111*, 228–238.
Kao, R.-R. (2001). Where have the prepositions gone? A study of English prepositional verbs and input enhancement in instructed SLA. *International Review of Applied Linguistics in Language Teaching, 39*, 195–215.
Kayne, R. S. (1981). On certain differences between French and English. *Linguistic Inquiry, 12*, 349–371.
Klein, E. C. (1993). *Toward second language acquisition: A study of null-prep*. Dordrecht: Kluwer Academic Publishers.
Klein, E. C. (2001). (Mis)construing null prepositions in L2 intergrammars: A commentary and proposal. *Second Language Research, 17*, 37–70.
小西友七 (編). (2006).『現代英語語法辞典』. 東京：三省堂.
Kuno, S. (1973). *The structure of the Japanese language*. Cambridge, MA: MIT Press.
Law, P. (2006). Preposition stranding. In M. Everaert & H. C. van Riemsdijk (Eds.), *The Blackwell companion to syntax volume 3* (pp. 631–684). Malden, MA: Blackwell.
Marinis, T. (2010). Using on-line processing methods in language acquisition research. In E. Blom & S. Unsworth (Eds.), *Experimental methods in language acquisition research* (pp. 139–162). Amsterdam/Philadelphia: John Benjamins.
三原健一・平岩健. (2006).『新日本語の統語構造：ミニマリストプログラムとその応用』. 東京：松柏社.
Miyagawa, S. (1989). *Structure and case marking in Japanese*. San Diego: Academic Press.
Perpiñán, S. (2010). *On L2 grammar and processing: The case of oblique relative clauses and the null-prep phenomenon* (Doctoral dissertation, University of Illinois at Urbana-Champaign). Retrieved from ProQuest Dissertations and Theses database. (UMI No. 3452103)
Radford, A. (2016). *Analysing English sentences* (2nd ed.). Cambridge: Cambridge University Press.
Radford, A., Felser, C., & Boxell, O. (2012). Preposition copying and pruning in present-day English. *English Language and Linguistics, 16*, 403–426.
Rezai, M. J. (2006). Preposition stranding and pied-piping in second language acquisition. *Essex Graduate Student Papers in Language and Linguistics, 8*, 110–128.
Ross, J. R. (1967). *Constraints on variables in syntax* (Doctoral dissertation, MIT). Retrieved from http://dspace.mit.edu/handle/1721.1/15166
Rowlett, P. (2007). *The syntax of French*. Cambridge: Cambridge University Press.

Sadakane, K., & Koizumi, M. (1995). On the nature of the "dative" particle *ni* in Japanese. *Linguistics*, *33*, 5–33.

Saito, M., & Hoshi, H. (2000). The Japanese light verb construction and the minimalist program. In R. Martin, D. Michaels, & J. Uriagereka (Eds.), *Step by step: Essays on minimalist syntax in honor of Howard Lasnik* (pp. 261–296). Cambridge, MA: MIT Press.

Seilhamer, M. F. (2011). The prepositions verbs associate with: A corpus investigation of collocation in prepositional verbs. *NUCB (Nagoya University of Commerce and Business) Journal of Language, Culture and Communication*, *13*, 21–43.

Shibuya, M., & Wakabayashi, S. (2008). Why are L2 learners not always sensitive to subject-verb agreement? In L. Roberts, F. Myles, & A. David (Eds.), *EUROSLA yearbook volume 8* (pp. 235–258). Amsterdam/Philadelphia: John Benjamins.

Slabakova, R. (2016). *Second language acquisition*. Oxford: Oxford University Press.

Sorace, A., & Filiaci, F. (2006). Anaphora resolution in near-native speakers of Italian. *Second Language Research*, *22*, 339–368.

須田孝司. (2017).「初級・中級レベルの日本人学習者の文処理過程における言語情報の影響」. 白畑知彦・須田孝司 (編).『名詞句と音声・音韻の習得』(pp. 61–93). 東京: くろしお出版.

Takami, K. (1992). *Preposition stranding: From syntactic to functional analyses*. Berlin: Mouton de Gruyter.

高見健一. (1995).『機能的構文論による日英語比較』. 東京: くろしお出版.

Tanaka, A. (2005). *Null preposition phenomenon in passive sentences by Japanese learners of English* (Unpublished bachelor's thesis). Chuo University, Tokyo.

University of Cambridge Local Examinations Syndicate. (2001). *Quick placement test*. Oxford: Oxford University Press.

Uriagereka, J. (2008). *Syntactic anchors: On semantic structuring*. Cambridge: Cambridge University Press.

Washio, R. (1985). Passive and subcategorization. *Gengo Kenkyu*, *87*, 123–143.

横川博一 (編). (2006).『日本人英語学習者の英単語親密度文字編: 教育・研究のための第二言語データベース』. 東京: くろしお出版.

第5章

日本語を母語とする英語学習者の派生接辞の習得難易度順序

田村知子　白畑知彦

1. はじめに

　たとえば，kind（親切な）という形容詞は，その前後に「何らかの要素」を付加することで，意味合いや品詞を「変化」させることができる。前にun- を付加し，unkind とすると，それは，「不親切な」という意味を表す形容詞となる。また，後ろに -ly を付加し，kindly とすると，「親切にも」という副詞に変化する。-ness を付加し，kindness とすれば，「親切」という名詞になる。このような，「何らかの要素」のことを**接辞**（**affix**）と呼ぶ。そして，前に付加する接辞を**接頭辞**（**prefix**）と言い，後ろに付加する接辞を**接尾辞**（**suffix**）と呼ぶ。接辞はそれ自体では単独で存在することができず，基体となる語（**base word**）（ここでは kind）に付加し，関連するが意味や品詞が変化した語を形成する。したがって，我々の言語は，語に接辞を付加することによって，1つの語を中心として関連する語彙を大量に増やすことを可能にしているのである。

　接辞には，接頭辞，接尾辞の区分とは別に，**派生接辞**（**derivational affix**）と**屈折接辞**（**inflectional affix**）という区分の仕方もある。派生接辞とは，前述の un-, -ly, -ness のように，語に付加してその品詞や意味を変え，関連する新しい語（派生語）を作ることのできる接辞を言う。一方，屈折接辞とは，look（見る）に付加する規則過去形形態素の -ed（例：looked）や現在進行形

形態素 -ing（例：looking）のように，語に文法関係を示す性質を付け加える接辞のことを言う（並木, 1985; 大石, 1988）。そして，本稿では，前者の派生接辞について扱う。

派生接辞には，un-（例：unkind），pre-（例：premature），-ness（例：kindness），-ment（例：argument）など，100種類以上があると言われている[1]。また，興味深いことは，ある派生接辞がどの語にも付加できるわけではないことである。たとえば，否定の意味を表すun- は，kind, happy, familiar に付加してunkind, unhappy, unfamiliar を作ることができるが，honest, regular, possible に付加し，*unhonest, *unregular, *unpossible とすることは許されず，dishonest, irregular, impossible としなくてはならない[2]。Un-, dis-, ir-, im- は全て，「否定」の意味を表すことに変わりはないが，基体となる語との間の適切な組み合わせ，というものが存在するのである。

このことは，日本語の派生接辞でも同様である。たとえば「不」は，「親切」「幸せ」「規則」に付加して「不親切」「不幸せ」「不規則」を作ることができるが，「*不常識」「*不認」「*不完成」は容認されず，「非常識」「非認」「未完成」としなければならない。

関連する語彙を大幅に増やすことができる派生接辞は，母語獲得のみならず第二言語習得においても看過できない言語習得領域であり，学習者がそれらをどのように習得していくのか研究することは重要なテーマである。本稿では，日本語を母語とする英語学習者（Japanese learners of English, 以下JLEs）を対象者とし，英語の派生接辞習得のメカニズムについて考察する。JLEs にとって習得が容易な派生接辞は何か，逆に習得が困難なものは何かを明らかにし，もし派生接辞間で差が生じるようならば，なぜそのような差が生じるのか，その差の背後にある要因について可能な限り探っていきたい。

1　英語の派生接辞の総数については定説がなく，分類する研究者によってその数も異なる。例えば Marchand（1960）では142種類（接頭辞65，接尾辞77），Quirk, Greenbaum, Leech, & Svartvik（1985）では111種類（接頭辞58，接尾辞53），西川（2006）では288種類（接頭辞155，接尾辞133）としている。
2　アステリスク（*）は，その語，または句，節，文が容認不可であることを表すのに使用する。

派生接辞の**習得難易度順序**（**difficulty order of aquisition**）を提案している主要な先行研究に，Bauer & Nation（1993）（以下 B&N）と Mochizuki & Aizawa（2000）（以下 M&A）がある。しかし，両者の提案する習得難易度順序は一致しているわけではない。このことはつまり，そもそも派生接辞の習得には普遍的な難易度順序なるものが存在するのかどうかという根本的な問題に始まり，もし存在するとすれば，それはどのような順序になるのかという疑問に対する返答が，依然として未解答のままであることを意味する。このような背景の下，筆者らは派生接辞の習得難易度順序調査のための新たな実験を遂行した。すなわち，今回，大学生 JLEs を対象に，83種類の英語の派生接辞の習熟度を調査したのである。その研究結果を本稿で紹介する。

　本実験で得られた習得難易度順序が，B&N（1993）または M&A（2000）のどちらかに近いものとなれば，その順序の方が，より普遍的な習得難易度順序である可能性が高くなるだろう。逆に，どちらの研究とも異なれば，それはなぜなのかについて考察する必要が生じる。

　本稿の構成は以下のとおりである。次節では研究の背景として，言語習得の普遍性について，および日英語の派生語の構造について整理する。3節では，先行研究である B&N（1993）と M&A（2000）を概観する。4節では，本研究のリサーチ・クエスチョンとその予測について述べる。5節では，実験1として行った接頭辞の実験結果を，6節では実験2として行った接尾辞の実験結果について報告する。そして，上述した2つの先行研究結果と比較しながら，本実験での習得難易度順序がどのような要因の影響を受けているかを議論する。最後の7節は全体のまとめとし，本研究の今後の課題についても触れることにしたい。

2. 研究の背景
2.1 言語習得の普遍性
　1960年代の後半以降，母語の文法獲得研究で，普遍的な習得順序の存在が多くの実証的研究によって明らかにされてきた。言語獲得は，それぞれの子どもが勝手気ままに行っていくのではなく，誰にも共通する一定の順序にしたがって発達していくことが次第に明らかとなってきたのである（Brown,

1973; de Villiers & de Villiers, 1978)。また，一定の習得順序があるという主張は，第二言語の文法習得でも，様々な領域において当てはまることが判明してきた (Dulay & Burt, 1974; Dulay, Burt, & Krashen, 1982; Shirahata, 1988; 寺内, 1994)[3]。中でも特に調査されてきた項目は，英語の**文法形態素** (**grammatical morphemes**) の習得難易度順序であった。これは，母語獲得研究での Brown (1973) などからの影響に加え，調査された文法形態素の多くが，抽出の実験的工夫をさほど凝らさなくても，調査項目が学習者の産出データの中に比較的多く自然に出現するためでもあった。調査項目として，たとえば，動詞の進行形 (-ing)，名詞の複数形 (-s)，動詞の過去形 (-ed) といった屈折接辞を含む，10 種類ほどの文法形態素が取り上げられた。その結果，これらの形態素の習得難易度順序については，学習者の母語からの転移も観察されるものの，多くの研究で類似した習得難易度順序が見出されたのである (Ellis, 2008; Shirahata, 1988; 白畑・若林・須田, 2004)。

一方，派生接辞は，これまで習得難易度順序研究の対象外であった。その理由として，調査しようとする派生接辞が，屈折接辞に比べて学習者の自然な産出データの中に十分に出現しないことも影響していると思われる。このような調査の難しさはあるものの，屈折接辞に自然な習得難易度順序があるのならば，同じ接辞である派生接辞にも自然な習得難易度順序が存在してもなんら不思議ではない。本研究では，このような観点からも，第二言語習得での派生接辞の実験データを分析する。

2.2 母語からの転移

上で述べてきたように，第二言語習得の発達過程，習得過程は，学習者の母語の違いにもかかわらず，基本的には類似しているという研究や主張が少なからずある。しかしながら，一方で，学習者の母語が異なると，習得過程の異なることを示す産出データも観察されている。つまり，母語からの転移は根強く，学習者の発達過程に複雑に働いているという主張である。この一

---

[3] ただし，理由は依然としてはっきりとしないのであるが，当時の母語獲得研究で得られた文法形態素の習得順序と，多くの第二言語習得研究で得られた文法形態素の習得／困難度順序は，類似している点も見られたが，必ずしもまったく一致しているわけではなかった。

見すると矛盾する事実はどこから来ているのであろうか。第二言語学習者は基本的に同じ道筋をたどって第二言語を習得していくが，異なる発達段階で様々に異なる学習者の母語の特性が影響を与えていると考えればよいのではないだろうか。

　たとえば，否定文の習得において，Spada & Lightbown (2002) によれば，第二言語学習者は習得の最初期段階において，どの学習者も，I no like apple. のように，否定要素を動詞の前に置く段階があるという。しかし，スペイン語を母語とする英語学習者は，母語に類似の構造が存在するため，この段階に留まっている期間が他の母語の学習者よりも長くなるということである。スペイン語では，否定要素を動詞の前に置く構造は文法的なのである。最初期段階を速やかに通過してしまう学習者に比べると，スペイン語話者は長く留まっているため，より目立ってしまうということになる。

　接辞に関する母語（本研究の場合は日本語）からの転移にはどのようなものが考えられるであろうか。まず，日本語で使用されている英語からの外来語の影響が考えられる。後述するが，数多くのカタカナ語が日本語で使用されている。たとえば，英語由来の「アンチ」という接頭辞が，コンピューターウィルスを検出したり無力化したりするソフトウェアを指す「アンチ・ウィルス対策ソフト」という語の中で使われていたり，「ノン」という接頭辞が，アルコールを含まないビール（正確には炭酸飲料水）を指す「ノン・アルコールビール」という語の中で使われていたりする。このようなカタカナ外来語が，英語由来の接頭辞の習得に影響を与えている可能性がある。

2.3　日英語の派生語の構造

　英語と日本語の派生語の構造について，ここでもう一度整理したい。まず派生語とは，基体に派生接辞が付加してできる語である。基体とは，接辞が付くことのできる形を指し，1節でも述べたように，基体の前に付く接辞を接頭辞，後ろに付く接辞を接尾辞と呼ぶ[4]。そして，接頭辞の主な機能は，

4　「基体」とは別に，「語根 (root)」「語幹 (stem)」という用語もある。語根とは，接辞が一切付加していない，語の核となる部分を指す。例えば find という語は，基体であると同時に何の接辞も付かない語根であるが，findable は接辞 -able が付加した形であるため語根ではない。一方，語幹とは，屈折接辞が付加できる形を指す。したがって find は過去形 -ed

「基体の意味を変化させる」ことであり，接尾辞は「基体の品詞を変化させる」ことである（影山, 1997; 並木, 1985; 大石, 1988; 沖森, 2012; Quirk, Greenbaum, Leech, & Svartvik, 1985)。

(1a)において，基体である動詞 find に接頭辞 un- が付加して unfind となり，これに接尾辞 -able が付加して形容詞 unfindable が派生している。しかし一方で，unfind という動詞は存在しないため，これは基体にはなり得ない。一方，(1b)では，find に -able が付加して形容詞 findable が派生され，さらに un- が付加して unfindable が形成されている。この場合，find も findable も実際に存在する語であり，基体となり得る。

(1) a. *[[un + find] + able]
　　b. [un + [find + able]]

日本語の派生語も，英語の場合と類似の構造を持っている。たとえば(2a)の「非協力的」という語では，基体「協力」の後ろに接尾辞「的」が付き，さらに「協力的」の前に接頭辞「非」が付加している。また(2b)では，「金持ち」に接頭辞「お」が付いて「お金持ち」となり，さらに「っぽい」という接尾辞が付加して「お金持ちっぽい」という語が形成される。

(2) a. [非 + [協力 + 的]]
　　b. [[お + 金持ち] + っぽい]

3. 先行研究
3.1 Bauer & Nation (1993)

B&N (1993)は，教室環境における英語の接辞の指導と学習のために，「接辞の難易度によるレベル分け」という考え方を提案している。彼らは母語の違いを問わず，英語を学ぶあらゆる学習者のために，頻度（frequency），規

や進行形 -ing などが付加できる語幹であり，finder も複数形 -s が付加できる語幹である（Katamba, 1993, 1994)。これらの用語は，本稿の目的とは無関係であるため，これ以上言及はしない。

則性 (regularity), 生産性 (productivity), そして予測性 (predictability) という基準に基づき, 接辞を7つの難易度グループに分けた。彼らはこの分類を「レベル (level)」という名前で呼んでいる。そして, 英語学習者は「レベル1」から順に, 接辞を習得していくとしている。B&N の基準では,「レベル1」にいる学習者は接辞をまだ認識しておらず,「レベル2」に到達した学習者は, 屈折接辞の習得を開始する段階になった学習者である。そして, 派生接辞の習得は「レベル3」から始まるとし, このレベルには, non-(例：nonmetal) や -er (例：worker) など, B&N の判断基準で, 習得が最も容易とされる派生接辞が含まれている。その後, レベルが上がるごとに, 学習者にとって習得難易度が高くなっていき, 最後の「レベル7」は, 最も習得困難な派生接辞が含まれるレベルということになる。

B&N がこのような接辞のレベル分けを行った目的は, 派生接辞の指導や学習のために, おおよその目安を示すことにあった。そして, 本人たちも断ってはいるが, 実証的な裏づけが十分になされているというわけではない。

しかしながら, 一方で, B&N (1993) は, この7つの習得難易度レベルを, 第二言語学習者の難易度指標に適用できるとも述べている。もしそうであるならば, B&N の習得難易度順序は, JLEs にとっても当てはまるものでなければならない。そこで, 本研究では, B&N の提案する習得難易度順序が, 本実験の参加者である大学生 JLEs にも適合できるかどうか, すなわち, 普遍的要素の強い指標であるかどうかを調査する。

3.2　Mochizuki & Aizawa (2000)

M&A (2000) は, JLEs を対象に, 派生接辞の習得難易度順序を調査した。実験参加者は高校生と大学生 JLEs の計403人であった。調査項目は表1に示すように派生接辞29種類 (接頭辞13, 接尾辞16) で, いずれも B&N (1993) の「レベル3」と「レベル4」から選んだ接辞であった。テストは多肢選択式で, 接辞1種類につき1問を出題した。問題の内容は, 各接辞に対し, それが付加された3つの英語の疑似語を提示し, 接頭辞についてはその意味, 接尾辞についてはその派生した品詞の種類を問うものであった。たとえば, 接頭辞 anti- に対しては, 3つの疑似語 antislimad, antikiofic, antirarchy を提示し，anti- の意味として最も適切なものを 4 つの日本語の選択肢から選ばせた。また，接尾辞についても同様の方法を取り，たとえば -able に対しては，3 つの疑似語 rombortable, quifable, slomitable を提示し，それらの語の品詞を名詞，形容詞，動詞，副詞の 4 択から選ばせた。

表 1　M&A（2000）が調査した派生接辞

接頭辞（13 種類）	接尾辞（16 種類）
non-, semi-, pre-, re-, anti-, un-, counter-, en-, in-, inter-, ex-, post-, ante-	-able, -ation, -ful, -ism, -ity, -less, -ment, -ous, -al, -er, -ish, -ist, -ize, -ly, -ness, -y

　実験の結果，接頭辞は re-, un-, pre-，接尾辞は -ation, -ful, -ment の正答率が最も高く，いずれも 80% 以上であった。逆に最も正答率が低かったのは，接頭辞が ante-, in-，接尾辞が -ity で，いずれも 40% 未満であった。M&A（2000）はこの結果から，JLEs にはある一定の派生接辞の習得難易度順序が存在する可能性を示唆している。また，難易度に影響を及ぼしうる要因として，接頭辞については，1) 英語から日本語への借用語，2) 指導，3) 接頭辞の出現頻度，および 4) 接頭辞の意味の多義性を挙げている。そして，接尾辞については，1) 指導，2) 接尾辞の出現頻度，3) 接尾辞が付加した語の出現頻度，4) 接尾辞の意味の多義性を候補に挙げている。

　M&A（2000）の実験方法について論考を加えたい。まず議論すべきことは，実験に疑似語を用いた点である。こうすることによって，既存の派生語の知識が実験結果に及ぼす影響を避けようとしたのである。もちろん，そのような利点はあるかもしれない。しかし，自然言語に関する学習者の言語能力を測定するのに，存在しない語彙を用いることに若干の疑問も残る。したがって，本稿では疑似語を用いない方法で実験を行い，その結果が彼らの結果と合致するかどうかを検討することにした。もし異なる実験方法を用いても，M&A と同じ結果が得られるのであれば，それは JLEs に共通した派生接辞の習得難易度順序が存在することを，さらに強く支持することになるだろう。

　もう 1 つの問題点として，M&A（2000）が調査した派生接辞の数が，接頭辞 13 種類，接尾辞 16 種類と，その数が比較的限定的だったことを挙げ

ておきたい。JLEs の派生接辞の習得難易度順序を広く一般化するためには，できるだけ多くの派生接辞を調査対象とする必要があるのではないだろうか。

　本研究では，これらの 2 点を解決するために，扱う派生接辞の種類を増やし，M&A (2000) とは異なる方法を用いて実験を行うことにした。すなわち，大学生 JLEs を実験対象者として，B&N (1993) の「レベル 3」から「レベル 6」までの派生接辞 83 種類（接頭辞 24 種類，接尾辞 59 種類）を全て調査項目に含めた。

4. 本研究のリサーチ・クエスチョンと実験仮説

　本研究におけるリサーチ・クエスチョンは以下の 2 点である。

(3) a. 第二言語学習者に適用できると仮定している B&N (1993) の派生接辞の難易度順序が，本実験の JLEs にも当てはまるかどうか。
　　b. 本研究と同じく，JLEs を実験参加者としている M&A (2000) の派生接辞の習得難易度順序は，本研究結果と一致するかどうか。

これらのリサーチ・クエスチョンに対して，上述した言語理論，言語習得理論，そして先行研究結果を基に，次のような実験仮説を立てた。

(4) a. B&N (1993) の派生接辞の習得難易度順序は，JLEs には必ずしも当てはまらない。
　　b. 文法形態素の習得と同様に，派生接辞の習得においても，JLEs に共通した習得難易度順序が存在する。

　(4a) を仮定する根拠は，B&N (1993) の分類が，学習者の母語からの影響を考慮に入れていないからである。つまり，多かれ少なかれ，そして長期間継続するかどうかは別として，これまでの何十年にも渡って行われてきた数多くの研究成果からも，第二言語習得にはやはり母語からの影響が根強く存在すると考えられる。

次に，(4b) を仮定する理由は，言語の文法領域には「自然な習得順序」に従う項目があり，その代表的な項目が文法形態素で，派生接辞はそれと類似の性質を持っているからである。この件に関しては 2.1 節で論じたとおりである。

本研究では，この 2 つの仮説を検証するために，調査対象の派生接辞を接頭辞と接尾辞の 2 種類に下位区分し，それぞれに別の実験（実験 1 と実験 2）を行った。すなわち，実験 1 では接頭辞の付加した英語派生語，実験 2 では接尾辞の付加した英語派生語の意味理解について調査した。

5. 実験 1：接頭辞の習得難易度順序調査

5.1 実験 1 への参加者

接頭辞調査への実験参加者は，日本国内の大学で，共通教育科目（または，教養教育科目）の英語を履修している大学生 JLEs 135 人である（内訳：1 年生 67 人，2 年生 45 人，3 年生 22 人，4 年生 1 人）。彼らの TOEIC 平均得点は 443 点（最高 625 点，最低 295 点，SD 77.7 点）であった。この実験参加者グループを「接頭辞付き派生語調査グループ」，または短縮して「接頭辞調査グループ」と呼ぶことにしたい。

この接頭辞調査グループが，これから調査しようとする接頭辞付き派生語の意味を元々知っていては，テスト項目として信頼性がなくなる。そのため，同等レベルの英語の習熟度を持つ，もう 1 つ別のグループを作り，実験 1 のテスト問題として考えている接頭辞付き派生語を，彼らが既に知っているかどうか，まず調査することにした。このグループを「接頭辞付き派生語選択決定グループ」または，短縮して「接頭辞選択グループ」と呼ぶことにする。そして，このグループに属する JLEs の多くが「既に知っている」接頭辞付き派生語を，接頭辞のテスト項目から外すことにした。本実験ではその基準を，「既知率 10％以上」とした。この接頭辞選択グループには 77 人（内訳：1 年生 29 人，2 年生 46 人，3 年生 2 人）の大学生 JLEs が属していた。彼らの TOEIC 平均得点は 450 点（最高 635 点，最低 305 点，SD 79.4 点）であった。接頭辞調査グループと接頭辞選択グループの平均得点の差を確かめるために t 検定を行ったところ，有意差は認められなかった

($t(210)= .626, p = .532$)。この結果から，両者は同程度の英語力および語彙力を持っており，接頭辞選択グループの結果を接頭辞調査グループに投影させても良いと判断した。

5.2 実験1の手順
5.2.1 接頭辞選択テストとその結果

接頭辞選択テストとその結果から説明したい。このテストで，接頭辞付き派生語調査テストに出題する派生語を選んだ。今回は，B&N (1993) の「レベル3」から「レベル6」の接頭辞24種類を接頭辞調査テストの出題項目候補として選んだ。これらを選別する接頭辞選択テストは，表2に示すような筆記式である。知っている派生語であれば，その右欄にチェックマークを入れ，その意味を日本語で書く。未知語であれば，何も記入せず空欄のままにしておくよう指示を出した。

表2　実験1で使用する接頭辞付き派生語事前調査用紙（一部掲載）

	単　語	知っている	意　味
1	circumlunar	☐	
2	archbishop	☐	
24	hyperaggressive	☐	

以下の単語の意味を知っていれば「知っている」欄にチェックマーク（✓）を入れて，その意味を「意味」欄に日本語で書いてください。
知らなければ，空欄にしておいてください。

接頭辞選択テストの結果，24種類の派生語の内，接頭辞 mid- と mis- が付加した2つの派生語（midterm と misjudge）の正答率がそれぞれ 37.7% と 44.2% となり 10% を越えた。そのため，この2つは接頭辞調査テストの対象外とし，最終的に 22 種類を調査することになった。その 22 種類の接頭辞とそれらが付加した派生語の一覧を表3に示す。

表3 実験1で調査する22種類の接頭辞と派生語一覧

レベル3（2種類）	**non-** (nonmetal), **un-**[(adj)] (unconscious)[5]
レベル4（1種類）	**in-** (insecure)
レベル5（17種類）	**ante-** (antemortem), **anti-** (antislavery), **arch-** (archbishop), **bi-** (biannual), **circum-** (circumlunar), **counter-** (counterargument), **en-** (encage), **ex-** (ex-soldier), **fore-** (forefoot), **hyper-** (hyperaggressive), **inter-** (interdependence), **neo-** (neoimperialism), **post-** (post-election), **pro-** (pro-American), **semi-** (semi-diameter), **sub-** (subaverage), **un-**[(v)] (untie)
レベル6（2種類）	**pre-** (preaccept), **re-** (regenerate)

＊左欄の「レベル」は，B&N (1993) のレベルを表す

5.2.2 実験1：接頭辞調査テスト

接頭辞調査テストの形式は，表4に示すように多義選択式で，接頭辞1種類につき1問を出題した。基体語と日本語での意味（例：dependence 依存）を与え，接頭辞を付加した派生語（例：interdependence）の意味を5択の日本語訳の中から選んでもらった。

表4 実験1：接頭辞調査テストの問題例

右側の**太字の語**の意味として最も適切なものを，(a) 〜 (e) の選択肢の中からひとつ選びなさい。
1. dependence 依存 → **interdependence**
　(a) 共依存　(b) 依存心　(c) 依存性　(d) 依存状態　(e) 相互依存
2. slavery 奴隷制 → **antislavery**
　(a) 奴隷制度廃止　(b) 奴隷制度反対　(c) 奴隷制度復活
　(d) 奴隷制度存続　(e) 奴隷制度防止

5　本稿では，「レベル3」の un- を un-[(adj)]，「レベル5」の un- を un-[(v)] と表記する。両者の違いは，前者が形容詞 (adjective) に付加する場合の表記（例：unhappy）であり，後者は動詞 (verb) に付加する場合の表記（例：untie）だという点である。この他にも，例えば -al[(n)] を「名詞 (noun) に付加する」，-ly[(adv)] を「副詞 (adverb) に付加する」，-th[(No.)] を「序数 (ordinal number) となる」，-able[(FC)] を「基体の形を変える (form-changing)」，-able[(NFC)] を「基体の形を変えない (non-form-changing)」という意味で，それぞれ表記する。

5.3 結果：実験1
5.3.1 接頭辞調査テスト結果
実験1の接頭辞調査テスト結果を図1に載せる。

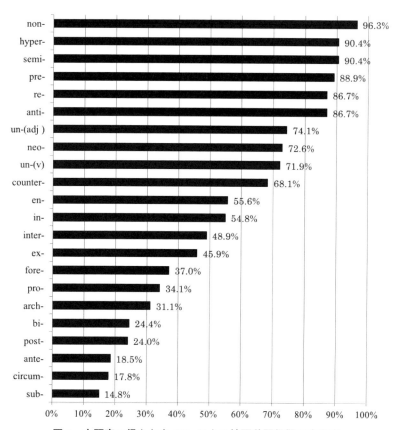

図1 本研究で得られた JLEs による接頭辞習得難易度順序

正答率が最も高い90％台に達したのは **non-**（nonmetal），**hyper-**（hyperaggressive），**semi-**（semi-diameter）の3種類であった。80％台の正答率を示したものがやはり3種類あり，それらは，**pre-**（preaccept），**re-**（regenerate），**anti-**（antislavery）であった。70％台は，**un-**[(adj)]（unconscious），**neo-**（neoimperialism）， un-$^{(v)}$（untie）の3種類で，60％台は **counter-**（counterargument） 1種類，50％台は **en-**（encage），**in-**（insecure）の2種類，40％台は **inter-**（interdependence），**ex-**（ex-soldier）の2種類，30％台は **fore-**（forefoot），**pro-**（pro-American），**arch-**（archbishop）の3種類，20％台は **bi-**（biannual），**post-**（post-election）の2種類，そして，最も低い10％台の正答率となったものは，**ante-**（ante-mortem），**circum-**（circumlunar），**sub-**（subaverage）の3種類であった。

本実験結果の接頭辞の正答数に統計的な有意差があるかどうかを確認するために，フリードマン検定を行った[6]。その結果，接頭辞の正答数の差には，全体として有意差のあることが明らかとなった（χ^2=884.958, df=21, p＜.001）。続いて，シェッフェ法による多重比較を行い，どの接頭辞と接頭辞の正答率の間に有意差があるかを調べた。その結果を表5に示す。この表を見ると，たとえば，non- は12種類の接頭辞（en-, in-, inter-, ex-, fore-, pro-, arch-, bi-, post-, ante-, circum-, sub-）との間に有意差があったが，残りの9種類（hyper-, semi-, pre-, re-, anti-, un-$^{(adj)}$, neo-, un-$^{(v)}$, counter-）との間には有意差がなかったことが分かる。

これらの統計結果に基づき，本研究では調査した22種類の接頭辞を，習得難易度別に6つのグループに分けることにした。表5の上部に示された1から6までが，このグループ分けの数字である。この分類に基づけば，non-, hyper-, semi- が最も習得が容易な接頭辞であることになる。そして，最も習得が困難なグループに属する接頭辞は，inter-, ex-, fore-, pro-, arch-, bi-, post-, ante-, circum-, sub- となる。

---

[6] 本実験結果では正答数を比較する。したがってデータは正規分布にはならないため，ノンパラメトリック法の1つであるフリードマン検定を用いた。

表 5 実験 1：シェッフェ法による接頭辞間の多重比較結果

易　　　　　　　　　　　　　　　　　　　　　　　　　　　　　　　難

接頭辞	1 non-	1 hyper-	1 semi-	2 pre-	2 re-	2 anti-	3 un-(adj)	3 neo-	3 un-(v)	4 counter-	5 en-	5 in-	6 inter-	6 ex-	6 fore-	6 pro-	6 arch-	6 bi-	6 post-	6 ante-	6 circum-	6 sub-
non-																						
hyper-	ns																					
semi-	ns	ns																				
pre-	ns	ns	ns																			
re-	ns	ns	ns	ns																		
anti-	ns	ns	ns	ns	ns																	
un-(adj)	ns	ns	ns	ns	ns	ns																
neo-	ns	ns	ns	ns	ns	ns	ns															
un-(v)	ns	ns	ns	ns	ns	ns	ns	ns														
counter-	ns	ns	ns	ns	ns	ns	ns	ns	ns													
en-	**	*	*	ns	ns	ns	ns	ns	ns	ns												
in-	**	*	*	ns	ns	ns	ns	ns	ns	ns	ns											
inter-	**	**	**	**	**	**	ns	ns	ns	ns	ns	ns										
ex-	**	**	**	**	**	**	ns	ns	ns	ns	ns	ns	ns									
fore-	**	**	**	**	**	**	*	*	*	ns	ns	ns	ns	ns								
pro-	**	**	**	**	**	**	*	*	*	ns	ns	ns	ns	ns	ns							
arch-	**	**	**	**	**	**	**	**	*	*	ns	ns	ns	ns	ns	ns						
bi-	**	**	**	**	**	**	**	**	**	**	ns	ns	ns	ns	ns	ns	ns					
post-	**	**	**	**	**	**	**	**	**	**	ns	ns	ns	ns	ns	ns	ns	ns				
ante-	**	**	**	**	**	**	**	**	**	*	*	ns	ns	ns	ns	ns	ns	ns	ns			
circum-	**	**	**	**	**	**	**	**	**	**	*	*	ns	ns	ns	ns	ns	ns	ns	ns		
sub-	**	**	**	**	**	**	**	**	**	**	**	**	ns	ns	ns	ns	ns	ns	ns	ns	ns	

*$p < .05$. **$p < .01$.

5.3.2 B&N (1993) との比較

　本実験 1 の結果が，B&N (1993) の難易度指標と一致するかどうかを検証してみる。表 6 は，実験 1 で得られた習得難易度順序を，B&N (1993) の提案と比較したものである。これを見ると，両者の間には顕著な違いのあることが分かる。たとえば，太字で示した hyper-, semi-, pre-, re- は，B&N では

習得が困難なレベル5やレベル6に分類されているが，実験1の結果では習得が最も容易なグループ1と2に属する接頭辞となった。一方，太字のイタリック体で示したin-は，B&Nでは比較的習得が容易なレベル4に分類されているが，実験1の結果ではグループ5に属し，困難な接頭辞ということになる。以上の事実より，B&Nの接頭辞の習得難易度順序は，実験1の結果とは必ずしも一致しないと言える。したがって，接頭辞に関する本研究の仮説（4a）は支持されたと結論づけられる[7]。

表6　実験1（接頭辞）の結果とB&N（1993）の習得難易度順序との比較

本実験

難易度	該当接頭辞
1	non-, **hyper-**, **semi-**
2	**pre-**, **re-**, anti-
3	un-(ADJ), neo-, un-(v)
4	counter-
5	en-, *in-*
6	inter-, ex-, fore-, pro-, arch-, bi-, post-, ante-, circum-, sub-

易 ↑ ↓ 難

B&N（1993）

難易度	該当接頭辞
レベル3	non-, un-(adj)
レベル4	*in-*
レベル5	ante-, anti-, arch-, bi-, circum-, counter-, en-, ex-, fore-, **hyper-**, inter-, mid-, mis-, neo-, post-, pro-, **semi-**, sub-, un-(v)
レベル6	**pre-**, **re-**

5.3.3　M&A（2000）との比較

　実験1での接頭辞の正答率を，M&A（2000）の13種類の接頭辞のものと比較してみたい。図2は，本実験結果の正答率を横軸に取り，M&Aの正答率を縦軸に取ったグラフである。太字で表した接頭辞（re-, un-, pre-, en-, ante-）は，2つの研究での正答率が類似していたものである。そして，太字のイタリック体で表した接頭辞（semi-, post-, counter-, in-）は，両者で大きな差が見られたものである。スピアマンによる相関係数を調べてみると，M&Aと実験1の習得難易度順序との間には高い相関（$r_s = .715$）があった。

---

[7]　B&N（1993）の習得難易度順序は，実験により得られた正答数に基づくものではなく恣意的な分類であるため，本実験結果との相関係数による比較は避けた。

この結果は，少なくとも 2 つの異なる集団であっても，JLEs の間にはある一定の接頭辞の習得難易度順序がありうるという可能性を示しており，本研究で立てた仮説 (4b) を支持するものとなった。

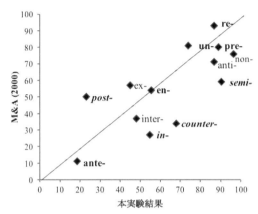

図 2　実験 1 と M&A (2000) との結果比較

5.4　実験 1 の考察

　実験 1 に参加した大学生 JLEs にとって，接頭辞の習得難易度が表 6 に示す順序になったのはなぜか考察してみる。その要因の候補として次の 4 つを提示したい。

(5) a.　母語である日本語（カタカナ借用語）からの転移
　　b.　接頭辞の言語特性
　　c.　接頭辞の普遍的な難しさ
　　d.　インプットの量

　この内，最も有力だと考えられる要因は，2.2 節でも若干説明したが，(5a) に載せる「母語（日本語）からの転移」である。Daulton (2008, 2009) や M&A (2000) なども指摘しているが，カタカナ借用語による影響が大きいのではないかと筆者らも考えている。明治時代より現在に至るまで，日本語は多くの外国語の語彙を借用し続けてきた。そのうちの多くが英語由来で

ある。また，カタカナ借用語の発音は，元の語と似ている場合が多い。同様に，その語彙的意味も，多くの場合，元の語の意味とそれほど大きくかけ離れていない場合が多い。借用語の中に含まれる英語の接頭辞（例：「ノンアルコール」の「ノン」）においても，大抵の場合，その発音や意味が，元の英語の接頭辞（例：non-）の発音や意味に類似している。

このような背景を踏まえて，実験1で調査した22種類の英語の接頭辞に対応するカタカナ借用語の接頭辞が，日本語にも同様に存在するかどうかを調べてみた。表7にその調査結果を載せる。この表からも分かるように，22種類の英語接頭辞のうち，対応するカタカナ接頭辞は14種類存在していた。たとえば，前述の「ノンアルコール」の「ノン」(non-)や「セミファイナル」の「セミ」(semi-)などがその例である。

表7　22種類の英語の接頭辞に対応する日本語のカタカナ接頭辞

順位		英語接頭辞	対応する日本語	
			カタカナ	例
易	1	non-	ノン	ノンアルコール，ノンキャリア，ノンストップ
		hyper-	ハイパー	ハイパーインフレ，ハイパーテキスト
		semi-	セミ	セミファイナル，セミオーダー，セミプロ
	2	pre-	プレ	プレ五輪，プレテスト，プレビュー
		re-	リ	リニューアル，リサイクル，リメーク
		anti-	アンチ	アンチウィルス，アンチピリン，アンチトキシン
	3	un-(adj)	アン	アンフェア，アンバランス，アンラッキー
		neo-	ネオ	ネオナチズム，ネオヒューマニズム
		un-(v)		
	4	counter-	カウンター	カウンターアタック，カウンターパンチ
	5	en-		
		in-		
難	6	inter-	インター	インターナショナル，インターホン
		ex-		
		fore-	フォア	フォアハンド
		pro-		
		arch-		
		bi-	バイ	バイリンガル，バイセクシャル，バイメタル
		post-	ポスト	ポストモダン，ポスト構造主義
		ante-		
		circum-		
		sub-	サブ	サブカルチャー，サブタイトル，サブ画面

5. 実験1：接頭辞の習得難易度順序調査 | 143

　JLEs にとって比較的習得が容易な接頭辞は，表 6 での 1 位から 4 位までに含まれる 10 種類の接頭辞であるが，このうち，un-[(v)] を除く 9 種類に，日本語化したカタカナ接頭辞が存在していた[8]。それらは，non-「ノン」，hyper-「ハイパー」，semi-「セミ」，pre-「プレ」，re-「リ」，anti-「アンチ」，un-[(adj)]「アン」，neo-「ネオ」，counter-「カウンター」である。その一方で，比較的習得困難となってくる 5 位と 6 位に属する 12 種類の接頭辞のうち，半数以上の 7 種類にカタカナ借用語が存在しないことも明らかとなった。それらは，en-, in-, ex-, pro-, arch-, ante-, circum- である。一方，借用語が存在するのは，残り 5 種類の接頭辞 inter-「インター」，fore-「フォア」，bi-「バイ」，post-「ポスト」，そして sub-「サブ」である。以上の事実から，カタカナ借用語が存在するかしないかは，JLEs にとって接頭辞の習得難易度順序に影響を及ぼす重要な要因ではないかと考える[9]。

　しかしながら，カタカナ借用語が唯一の決定要因であるとも言い切れない。なぜならば，22 種類の接頭辞のすべての順位がこれだけでは説明できていないからである。たとえば sub- は，対応するカタカナ接頭辞「サブ」が日本語に存在するにも関わらず正答率が低かったからである。これは，むしろ英語の sub- と日本語の「サブ」それぞれの多義性に原因があるのではないかと思われる。たとえば sub- について Soanes & Stevenson（2003）は，(6) で示す複数の意味があるとしている[10]。日本語訳は筆者らによる。

(6)　At, to, or from a lower level or position; somewhat; nearly; more or less; denoting subsequent or secondary action of the same kind; denoting support

---

8　英語の re- に対応するカタカナ版の「リ」は，他のカタカナ接頭辞と異なり，国語辞典の見出し語にはなっていない。しかし，「リサイクル」「リユース」など，借用語によく用いられているため，筆者らはこれを，JLEs にとって馴染みのあるカタカナ接頭辞と判断して表 7 に含めた。
9　カタカナ借用語からの転移に関連して，さらに考えられるのは，JLEs がどの程度，借用された接頭辞の意味に馴染んでいるかという点である。例えば，「ノン」と「アンチ」については，多くの JLEs がその日本語での意味を知っていると思われるが，「フォア」や「ポスト」については，必ずしもそうではあるまい。このような違いも，習得難易度の差を生む原因になっているのかもしれないが，いずれにしても，これは今後の課題となる。
10　Tamura & Shirahata（2017, p. 82）では，引用元が Marchand（1960）と記載しているが，これは Soanes & Stevenson（2003）が正しい。ここに訂正しておきたい。

(訳：下のレベルまたは位置で／に／へ／から；やや；ほぼ；およそ；同種の副次的な行為を表す；補助を表す)

(Soanes & Stevenson, 2003)

日本語の「サブ」にも，「補欠，補充員」と「下位の，補助の，副の」の2つの意味がある（北原，2010）。このような日英語それぞれの多義性が，sub- の習得の困難さにつながっているのではないかと推測される。

次に，JLEs の接頭辞の習得難易度に影響を及ぼす第2の要因として，(5b) の接頭辞の言語特性について考えてみたい[11]。実験1で調査した接頭辞のうち，少なくとも non-, un-, in- の3つの否定接頭辞については，その言語特性と習得難易度の間に関連があるようだ。すなわち，影山 (1999) によれば，non-, un-, in- の3つの否定接頭辞は，音韻的にも形態的にも，それぞれの独立性の度合いが異なっている。(7a) に示す in- は，**拘束形態素（bound morpheme）**（語として自立していない形態素）に付加することができ（例：inert），基体の最初の音の影響を受けて im-（例：impossible），ir-（例：irregular），あるいは il-（例：illegal）に形を変える。つまり，in- は形態的に独立していない，あるいはその独立性の度合いが低い接頭辞だと言えよう。(7b) の un- は，in- とは異なり，**自由形態素（free morpheme）**（語として自立する形態素）に付加する接頭辞である（例：unhappy）。また，in- のように，基体に影響されて形を変えることもない。さらに，強勢が置かれるという点で，in- とは異なっている。(7c) の non- は，un- と同様に自由形態素（例：nonalcoholic）に付加し，形を変えない。一方で，un- よりもさらに強い強勢が置かれるという点に違いが見られる。

(7) a. *in*correct, *im*possible, *ir*regular, *il*legal / *in*dolent, *in*sipid, *in*ert
 b. *un*happy, *un*kind, *un*pleasant, *un*lucky, *un*acceptable
 c. *non*alcoholic, *non*-christian, *non*conformist, *non*essential

(影山, 1999, p. 165 より引用)

---

[11] 英語の接頭辞の言語特性は，あらゆる第二言語学習者に影響を及ぼすため，(5c) で述べている言語習得の普遍性に関連しているとも考えられる。この可能性については，母語の異なる英語の第二言語学習者を対象とした調査を行うことにより，明らかにすることができるのではないかと考える。

影山 (1999) は，このような音韻・形態的な違いが，接頭辞の表す意味特性に反映されると主張する。つまり，Christian に付加する non- は，影山によれば，「クリスチャンではない」という客観的な意味だけを表わすが，kind に付加する un- は「不親切な，不公平な，不道徳な」という主観的な意味を与えている。さらに，famous に付加する in- は，より主観的な「悪名高い」という意味を加えることになる。(8) は，このような意味の客観性の違いを図に示したものである。

(8)

(影山, 1999, p. 167)

本実験 1 の結果による，non-, un-, in- の 3 つの否定接頭辞の習得難易度順序は，(8) の配列と一致する。つまり，形態的な独立性の強い non- の方が，1 語に溶け込もうとする in- より習得が容易なのである。このことは，少なくとも，これらの 3 つの否定接頭辞 non-, un-, in- については，形態的な独立性や意味的な客観性が JLEs の習得難易度順序に影響を及ぼしている可能性があり，独立性と客観性が高いほど習得が容易になることを示唆しているのではないだろうか[12][13]。この分析は，影山に基づく言語分析・言語理論と，(第

---

12 接頭辞の言語特性としては，この他にも，どの品詞の基体に付加するかという文法的特性（下位範疇）が挙げられる。しかし，下位範疇と習得難易度順序との関連については，本実験結果からは明らかにすることができない。なぜならば，大半の接頭辞は 2 つ以上の異なる品詞に付加できる（例：non- は名詞，形容詞，動詞，副詞に付加できる）が，本実験では，各接頭辞の知識を，派生語 1 語のみに，すなわち 1 つの品詞に付加した形（例：non- に対しては，名詞に付加した派生語 nonmetal 1 語）でしか測っていないからである。下位範疇が習得難易度順序に及ぼす影響の有無については，別の実験を行って詳しく調べる必要がある。

13 本稿で挙げた 3 つの否定接頭辞以外に，どの接頭辞の習得難易度がこのような言語特性の影響を受けているのかについては，さらに明らかにしていかなければならない。ひとつの可能性としては，例えば「前」という類似の意味を持つ接頭辞（例：pre-, ex-, fore,

二）言語習得からの実証データが一致した例でもある。

　習得難易度順序を決定する要因の3つ目として考えられるのは，(5c) に挙げた英語の接頭辞が有する「普遍的な特性」である。2.1 節で述べたように，第二言語習得でも，進行形 -ing，規則過去形，不規則過去形，三人称単数現在形 -s などの屈折接辞（あるいは文法形態素）が習得される時期にずれがあることがよく知られている（Dulay & Burt, 1974; Koike, 1983）。つまり，2節で述べたことを繰り返すが，文法形態素には，ある一定の習得順序（または，習得難易度順序）が存在し，それは各文法形態素が独自に担う言語特性に影響を受けている。もしこの仮説が妥当性の高いものであり，接頭辞の習得にも当てはまるものであれば，第二言語学習者は接頭辞についても，一定の習得の過程をたどることになる。第二言語学習者が類似の道筋に沿って接頭辞を習得していくのであれば，この道筋はJLEsの英語接頭辞習得にも当てはまる言語習得上の普遍的な道筋である。ただし，現在までのところ筆者らはこれ以上議論を深められていないため，詳細は今後の課題とさせていただく。

　4つ目に考えられる要因は，JLEsが英語の授業で受ける「言語インプットの量」である (5d)。英語の教科書に頻出する接頭辞を，そうでないものよりも早く習得できるのではないかという推測である。大学生JLEsの接頭辞の知識は，中学校，高等学校で使用する英語の教科書に現れる接頭辞の出現回数によって影響を受けている可能性がある。もしそうであるならば，習得が比較的容易であると判明した接頭辞（例：non-, hyper-, semi-）は教科書に頻出し，習得の困難な接頭辞（例：sub-, circum-, ante-）は，その出現回数が低いと予想される。筆者らは現在，日本の英語の検定教科書に出てくる接頭辞の出現回数を調査中である。この調査によって，接頭辞の習得困難度と教科書での出現回数との関連がある程度明らかになるだろう。

---

ante-) の習得難易度が，否定接頭辞のように言語特性の影響を受けていることが考えられる。

5.5 実験1のまとめ

　実験1として，筆者らは22種類の英語の接頭辞の習得について調査し，独自の研究成果を得た。そして，得られた結果をB&N (1993) およびM&A (2000) と比較した。その結果，3つの研究の習得難易度順序に共通していたのは，ante- とinter- の習得難易度が高かったことである。よって，ante- とinter- は，多くの第二言語学習者にとって習得が困難な接頭辞であるという可能性が高くなる。そのような共通点はあったが，全般的な傾向としては，実験1とM&Aの習得難易度順序との間にこそ高い相関は見られたものの，B&Nとの間には関連性がほとんど見られなかった。したがって，3つの研究を通しての共通項は少ないと言える。

　実験1とM&A (2000) には共通するが，B&N (1993) とは異なる主な点は次の2点である。1つ目は，pre-, re-, anti- が，実験1とM&Aでは習得が容易であったが，B&Nでは難しかったことである。2つ目は，in- が本実験1とM&Aでは習得が困難であったが，B&Nでは容易であったことである。よって，pre-, re-, anti-, in- の習得には，JLEsの母語からの影響が大きく関与しているのかもしれない。以上の事実は，少なくとも日本語を母語とする英語学習者には，共通した接頭辞の難易度順序が存在する可能性を含意しているのではないだろうか。そして，本研究ではB&N (1993) のレベル分けに代わるものとして，JLEsのための接頭辞の習得難易度順序を新たに提案した。次の6節では，実験2として，接尾辞の習得難易度順序の調査結果を報告したい。

6. 実験2：接尾辞の習得難易度順序調査
6.1 実験2への参加者

　接尾辞調査への実験参加者は，実験1同様，日本国内の大学で，共通教育科目の英語を履修している131人の大学生JLEs (内訳：1年生65人，2年生43人，3年生21人，4年生2人) である。彼らのTOEICの平均得点は450点 (最高625点，最低295点，SD 77.7点) であった。この実験参加者グループを「接尾辞付き派生語調査グループ」，または短縮して「接尾辞調査グループ」と呼ぶことにしたい。

このグループとは別に，実験2のテスト問題として考えている接尾辞付き派生語が既知であるかどうかを決定するため，同等レベルの英語の習熟度を持つ，もう1つのグループを作った。これを「接尾辞付き派生語選択決定グループ」，または短縮して「接尾辞選択グループ」と呼ぶことにする。そして，実験1同様に，JLEs の多くが既に知っている接尾辞付き派生語をテスト項目から除外することにし，その基準を「既知率10%以上」とした。接尾辞選択グループには 77 人（内訳：1 年生 29 人，2 年生 46 人，3 年生 2 人）の大学生 JLEs が属し，TOEIC 平均得点は 450 点（最高 635 点，最低 305 点，SD 79.4 点）であった。接尾辞調査グループと接尾辞選択グループの平均得点の差を確かめるために t 検定を行ったところ，統計的有意差は見られなかった（$t(206)= 0.000, p = 1.000$）。そのため，実験2の接尾辞調査グループと接尾辞選択グループについても，両グループは同程度の英語力および語彙力を持っていると判断した。

6.2　実験2の手順
6.2.1　接尾辞選択テストとその結果
接尾辞選択テストでは，接尾辞調査テストで出題しようと考えていた 59 種類の接尾辞付き派生語についてまず調査した。この 59 種類は，B&N (1993) の「レベル 3」から「レベル 6」の接尾辞から選んだものである。接尾辞選択テストの設問は，実験1同様に，知っている派生語があるかどうかを問い，あればその意味を日本語で書いてもらうものであった（表8参照）。

接尾辞選択テストの結果，59 種類の派生語の内，-an, -th[No.], -ian, -ese を付加した4つの派生語（Hungarian, eleventh, mathematician, Vietnamese）の正答率がそれぞれ 40.3%，31.2%，27.3%，16.9% となり，10% を越えた。そのため，これらを除外し，残り 55 種類の接尾辞を調査項目とすることにした。55 種類の接尾辞とその派生語については，表9を参照されたい。

表8　実験2で使用する接尾辞付き派生語事前調査用紙（一部掲載）

以下の単語の意味を知っていれば「知っている」欄にチェックマーク（✓）を入れて，その意味を「意味」欄に日本語で書いてください。
知らなければ，空欄にしておいてください。

	単　語	知っている	意　味
1	effortless	☐	
2	poetess	☐	
59	glorify	☐	

表9　実験2で調査する55種類の接尾辞と派生語一覧

レベル3 （7種類）	-able$^{(NFC)}$(comparable), -er(spectator), -ish(elfish), -less(effortless), -ly$^{(adv)}$(virtually), -ness(eagerness), -y$^{(adj)}$(twiggy)
レベル4 （10種類）	-al$^{(adj)}$(experimental), -ation(starvation), -ess(poetess), -ful(skillful), -ism(imperialism), -ist$^{(NFC)}$(landscapist), -ity(humidity), -ize(rationalize), -ment(punishment), -ous(courageous)
レベル5 （28種類）	-age(breakage), -al$^{(n)}$(betrayal), -ally(sympathetically), -ance(appearance), -ant(applicant), -ary(flagmentary), -atory(recommendatory), -dom(gangsterdom), -eer(puppeteer), -en$^{(adj)}$(ashen), -en$^{(v)}$(sicken), -ence(emergence), -ent(reminiscent), -ery(bribery), -esque(statuesque), -ette(novelette), -hood(knighthood), -i(Bangladeshi), -ite(Tokyoite), -let(owlet), -ling(pigling), -ly$^{(adj)}$(heavenly), -most(uppermost), -ory(supervisory), -ship(apprenticeship), -ward(homeward), -ways(edgeways), -wise(crabwise)
レベル6 （10種類）	-able$^{(FC)}$(tolerable), -ee(examinee), -ic(metaphoric), -ify(glorify), -ion(perception), -ist$^{(FC)}$(dogmatist), -ition(admonition), -ive(persuasive), -th$^{(n)}$(coolth), -y$^{(n)}$(piracy)

＊左欄の「レベル」は，B&N（1993）の「レベル」を表す．

6.2.2　実験2: 接尾辞調査テスト

　接尾辞調査テストの形式は，実験1と同じ多義選択式で，接尾辞1種類につき1問を出題した．基体語とその日本語での意味（例：persuade 説得する）を与え，接尾辞を付加した派生語（例：persuasive）の意味を5択の日本

語訳の中から選んでもらった（表10参照）。

表10　実験2：接尾辞調査テストの問題例

右側の**太字の語**の意味として最も適切なものを，(a) 〜 (e) の選択肢の中からひとつ選びなさい。
1. persuade 説得する → **persuasive**
(a) 説得　(b) 説得者　(c) 説得された　(d) 説得できる　(e) 説得力のある
2. rational 合理的な → **rationalize**
(a) 合理性　(b) 合理化する　(c) 合理化された　(d) 合理主義の
(e) 合理的に

6.3　結果：実験2
6.3.1　接尾辞調査テスト結果

図3に接尾辞調査テストの結果を載せる。調査項目の55種類の接尾辞のうち，正答率が最も高い90%台に達したのは，**-ism**(imperialism)，**-ist**$^{(NFC)}$(landscapist)，**-ly**$^{(adv)}$(virtually)，**-eer**(puppeteer)，**-er**(spectator)，**-able**$^{(FC)}$(tolerable) の6種類であった。80%台の正答率を示した接尾辞は，**-most**(uppermost)，**-ful**(skillful)，**-ition**(admonition)，**-ion**(perception)，**-al**$^{(adj)}$(experimental)，**-able**$^{(NFC)}$(comparable)，**-ally**(sympathetically)，**-ways**(edgeways) の8種類で，70%台は，**-ation**(starvation)，**-ist**$^{(FC)}$(dogmatist)，**-ence**(emergence) の3種類，60%台は **-ish**(elfish)，**-ive**(persuasive)，**-ic**(metaphoric)，**-ment**(punishment)，**-ous**(courageous)，**-ness**(eagerness) の6種類，50%台は **-ance**(appearance)，**-ee**(examinee)，**-i**(Bangladeshi) の3種類，40%台は **-ly**$^{(adj)}$(heavenly)，**-ward**(homeward)，**-ant**(applicant)，**-ary**(flagmentary)，**-atory**(recommendatory)，**-esque**(statuesque)，**-ory**(supervisory) の7種類，30%台は **-ity**(humidity)，**-en**$^{(adj)}$(ashen)，**-dom**(gangsterdom)，**-ize**(rationalize)，**-ery**(bribery) の5種類，20%台は **-th**$^{(n)}$(coolth)，**-y**$^{(adj)}$(twiggy)，**-y**$^{(n)}$(piracy)，**-ite**(Tokyoite)，**-ify**(glorify)，**-en**$^{(v)}$(sicken)，**-ess**(poetess) の7種類，そして，10%台は，**-less**(effortless)，**-hood**(knighthood)，**-al**$^{(n)}$(betrayal)，**-ship**(apprenticeship)，**-wise**(crabwise)，**-ette**(novelette)，**-let**(owlet)，**-ling**(pigling)，**-age**(breakage) の9種類であり，最も正答率が低い10%以下の接尾辞は **-ent**(reminiscent) の1種類であった。

フリードマン検定の結果，実験1と同様に，本実験2の接尾辞の習得で

も，正答数に全体として有意差が見られた（χ^2 =2265.226, df =54, p ＜ .001）。そして，シェッフェ法による多重比較の統計結果を基に，55 種類の接尾辞を習得難易度別に 11 のグループに分けた（表 11 参照）[14]。この分類に基づけば，最も習得が容易な接頭辞は -ism のみである。一方，最も習得が困難な接尾辞は，-i, -ly[(adj)], -ward, -ant, -ary, -atory, -esque, -ory, -ity, -en[(adj)], -dom, -ize, -ery, -th[(n)], -y[(adj)], -y[(n)], -ite, -ify, -en[(v)], -ess, -less, -hood, -al[(n)], -ship, -wise, -ette, -let, -ling, -age, -ent の 30 種類であった。

6.3.2　B&N (1993) との比較

実験 2 の結果から得られた習得難易度順序を，表 11 に示すように B&N (1993) の難易度指標と比較したところ，両者の間には大きな違いが見られた。たとえば，太字で示した -eer, -able[(FC)], -most, -ition は，B&N ではレベル 5 や 6 に分類されて習得が困難となっているが，実験 2 の結果ではグループ 2 やグループ 3 に属する容易な項目となっている。一方で，太字のイタリック体で示した -ish, -ment, -ous, -ness, -ity, -ize, -y[(adj)], -ess, -less は，B&N では習得が容易なレベル 2 や 3 に分類されているが，実験 2 の結果ではレベル 8, 10, 11 に属する困難な項目となった。以上の分析より，B&N の習得難易度順序は，実験 1 同様，実験 2 の接尾辞に関しても JLEs には必ずしも当てはまる順序ではなかったということがわかる。よって，(4a) の仮説は支持されたと言える。

14　紙幅の都合により，シェッフェ法による多重比較の結果の表は省略する。

152 | 第 5 章　前置詞脱落の誤りと格の関係

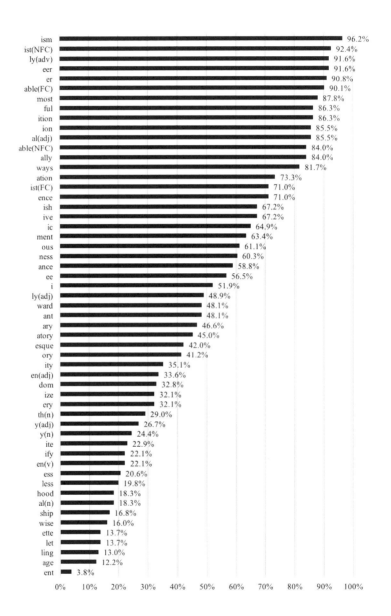

図 3　実験 2 で得られた接尾辞の習得難易度順序

表 11　実験 2（接尾辞）の結果と B&N（1993）の習得難易度順序との比較

本実験

難易度	該当接尾辞
1	ism
2	ist$^{(NFC)}$, ly$^{(adv)}$, **eer**, er, **able**$^{(FC)}$ **most**
3	ful, **ition**
4	ion, al$^{(adj)}$
5	able$^{(NFC)}$, ally, ways
6	ation
7	ist$^{(FC)}$, ence
8	*ish*, ive
9	ic
10	**ment**, ***ous***, ***ness***, ance, ee
11	i, ly$^{(adj)}$, ward, ant, ary, atory, esque, ory, ***ity***, en$^{(adj)}$, dom, ***ize***, ery, th$^{(n)}$, *y*$^{(adj)}$, y$^{(n)}$, ite, ify, en$^{(v)}$, ***ess***, ***less***, hood, al$^{(n)}$, ship, wise, ette, let, ling, age, ent

易 ↑ ↓ 難

B&N（1993）

難易度	該当接尾辞
レベル 3	able$^{(NFC)}$, er, ***ish***, ***less***, ly$^{(adv)}$, ness, y$^{(adj)}$
レベル 4	al$^{(adj)}$, ation, ***ess***, ful, ism, ist$^{(NFC)}$, ***ity***, ***ize***, ***ment***, ***ous***
レベル 5	age, al$^{(n)}$, ally, ance, ant, ary, atory, dom, **eer**, en$^{(adj)}$, en$^{(v)}$, ence, ent, ery, esque, ette, hood, i, ite, let, ling, ly$^{(adj)}$, **most**, ory, ship, ward, ways, wise
レベル 6	**able**$^{(FC)}$, ee, ic, ify, ion, ist$^{(FC)}$, **ition**, ive, th$^{(n)}$, y$^{(n)}$

6.3.3　M&A（2000）との比較

　実験 2 での接尾辞の正答率を，M&A（2000）での 16 種類の接尾辞のものと比較する（図 4 参照）。難易度が類似していたのは，太字で示した接尾辞 -ity, -ful, -ness で，相違していたのは，太字のイタリック体で示した -less, -ize, -ism であった。そして，両研究の難易度順序のスピアマンによる相関係数は r_s=.464 となり，中程度の相関があることが確認された。実験 1 の接頭辞での相関係数が r_s=.715 だったことを鑑みると，それよりも相関係数は低くなるが，それでも接尾辞の習得において，JLEs 間にはある一定の習得難易度順序が存在しており，(4b) の仮説が支持されたと言えるのではないだろうか。

154 | 第5章 前置詞脱落の誤りと格の関係

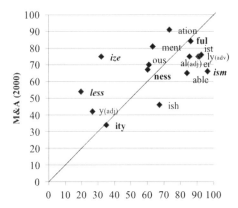

図4 実験2とM&A (2000) との結果比較

6.4 実験2の考察

JLEs の接尾辞の習得では，いったい何がその習得難易度順序を構成する要因となっているのであろうか。ここでは，考えられる以下の6つの要因を取り上げて考察したい。

(9) a. 派生する品詞の種類
    b. 意味素性
    c. 生産性
    d. 母語である日本語（カタカナ借用語）からの転移
    e. 接尾辞の普遍的な難しさ
    f. インプットの量

まず，(9a)「派生する品詞の種類」であるが，これは JLEs の接尾辞の習得難易度に関係しているのではないかと考える。なぜならば，表11に示すように，「動詞を派生する接尾辞」である，-ize, -ify, -en$^{(v)}$ がすべて，難易度で最下位の11位に含まれているからである。また，「副詞を派生する接尾辞」の難易度順序も低い。たとえば，-ally と -ways は5位，さらに，-ward と -wise は11位に属している。唯一の例外は，2位に含まれる -ly$^{(adv)}$ であ

る。一方,「名詞を派生する接尾辞」と「形容詞を派生する接尾辞」は,様々な難易度グループに広く散らばっている。たとえば,名詞派生の -eer や形容詞派生の -most は 2 位グループに入っているが,-ette(名詞派生)や -ory(形容詞派生)は最下位の 11 位グループに所属している。

　これらの事実は,少なくとも接尾辞が動詞あるいは副詞派生という性質を持つ場合,つまり「動詞的な特性を有する場合」に,JLEs の習得困難度が高まるということを示しているのではないだろうか。ただし,なぜ動詞的な特性を有する接尾辞が習得を困難にさせるのかについては,今後の課題となる。

　その次に習得難易度順序を決定する要因としての可能性が高いのは,(9b) に記した,接尾辞が有する「意味素性」だと考える。意味素性とは,語彙項目の意味を構成する基本的な要素を指す。たとえば,-ette, -let, -ling はいずれも「小さなもの」を表すため,その意味は意味素性 [＋small] から成り立つと考えられる。同様に,-ism, -ition, -ence などは「行為」およびその「結果(としての状態)」を表すため,意味素性 [＋action/result] を持つとみなすことができる。本稿では,表 12 (次ページ) に示すように,分析対象とした 55 種類の接尾辞がそれぞれの意味素性を持つとみなし,これらの意味素性と習得難易度順序との関連を調査した。その結果,接尾辞が [＋small], [＋cause], [＋state], [＋quality] の 4 つの素性のいずれかを持つ場合,習得難易度が高くなる傾向が見られた。

　3 番目として,接尾辞の「生産性」(9c) も要因として一考に値するのではないだろうか。生産性とは,接辞が新しい語を造る能力のことであり,生産的な接尾辞の多くは正答率の高いグループに含まれている。たとえば,-ly[adv] と -er は第 2 位グループ,-ful と -ition は 3 位グループ,-ion は 4 位グループである。しかしながら,中には正答率の低いグループに含まれているものもある。たとえば -ous と -ness は 10 位グループ,-y[adj] は 11 位グループである。したがって,生産性はある程度難易度に影響を及ぼすかもしれない。

表12　接尾辞の習得難易度と意味素性

習得難易度		接尾辞とその意味素性
易	1	-ism [+ action/result]
	2	-ist$^{(NFC)}$ [+ person], -ly$^{(adv)}$ [+ manner], -eer [+ person], -er [+ person], -able$^{(FC)}$ [+ potential], -most [+ position]
	3	-ful [+ amount], -ition [+ action/result]
	4	-ion [+ action/result], -al$^{(adj)}$ [+ relation]
	5	-able$^{(NFC)}$ [+ potential], -ally [+ manner], -ways [+ manner]
	6	-ation [+ action/result]
	7	-ist$^{(FC)}$ [+ person], -ence [+ action/result]
	8	-ish [+ quality], -ive [+ quality]
	9	-ic [+ relation]
	10	-ment [+ action/result], -ous [+ quality], -ness [+ state], -ance [+ action/result], -ee [+ person]
難	11	-i [+ person], -ly$^{(adj)}$ [+ quality], -ward [+ manner], -ant [+ person], -ary [+ relation], -atory [+ relation], -esque [+ quality], -ory [+ relation], -ity [+ quality], -en$^{(adj)}$ [+ relation], -dom [+ group], -ize [+ cause], -ery [+ state], -th$^{(n)}$ [+ state], -y$^{(adj)}$ [+ quality], -y$^{(n)}$ [+ action/result], -ite [+ person], -ify [+ cause], -en$^{(v)}$ [+ cause], -ess [+ gender], -less [+ negative], -hood [+ quality], -al$^{(n)}$ [+ action/result], -ship [+ quality], -wise [+ manner], -ette [+ small], -let [+ small], -ling [+ small], -age [+ action/result], -ent [+ state]

　さらに，(9d)「母語である日本語（カタカナ借用語）からの転移」について論じたい。接頭辞の習得を調査した実験1の結果において，カタカナ借用語の影響が習得難易度を決定する重要な要因ではないかと述べた。しかし接尾辞の場合，日本語に導入されたカタカナ借用語は，「イズム(-ism)」「レス(-less)」「シップ(-ship)」など，少数の例外を除いて存在しない。「ブル(-able)」「ッシュ(-ish)」といった英語由来の接尾辞は大抵，日本語では接尾辞として認識されておらず，「リバーシブル(reversible)」「ボーイッシュ(boyish)」などに溶け込んでしまっているだけである。

　前述したが，カタカナ派生語自体は，日本語の中に多く存在する。たとえ

ば，最も正答率の高かった -ism には，「エゴイズム (egoism)」「ジャーナリズム (journalism)」「テロリズム (terrorism)」「ファシズム (facism)」「ナショナリズム (nationalism)」などがあり，実際に，日本語の中に溶け込み，頻繁に使用されている派生語が多い。

　一方で，最も正答率の低かった接尾辞の中に，-ship が含まれているが，この接尾辞も日本語の中で使用されている。たとえば，「スキンシップ (skinship)」「スポーツマンシップ (sportsmanship)」「フレンドシップ (friendship)」「メンバーシップ(membership)」「リーダーシップ(leadership)」などである[15]。しかし，ここで問題なのは，それでは日本語話者は，そもそも英語の -ship の言語学的意味を知っていて，日本語でも使用しているのかどうかということである。たとえば，「フレンド」に「シップ」が付くと，「フレンド」の意味がどのように変化するのかを十分に理解していて，その接尾辞を使用しているという日本語話者は，実は少ないのではないか。英語同様，日本語でも使用しているからといって，その意味を必ずしも把握しているわけではない場合もありうる。そして，その場合は，日本語からの正の転移は起こらないと考えてよいだろう。

　このような理解度の問題はあるものの，実験 2 の結果の全体的な傾向としては，習得が容易な接尾辞の方が，困難なものよりもカタカナ派生語として日本語の中に多く存在する傾向があることが明らかになった。したがって，日本語におけるカタカナ借用語の存在は，JLEs の英語接尾辞の習得難易度を左右する要因の 1 つであると考えられる。

　最後に，実験 1 の接頭辞の考察でも述べた (9e)「普遍的な難しさ」と (9f)「インプットの量」について，ここでも触れておきたい。まず「普遍的な難しさ」についてであるが，2.3 節で説明したとおり，接尾辞の主な働きは，基体の品詞を変えることにある。すなわち，意味の変更を担う接頭辞以上に，接尾辞は文法的な役割を担う性質が強い。そのため，文法形態素と同じように習得が普遍的な道筋をたどっており，JLEs もその影響を受けている可能性がより高いのではないかと推測する。

15　ただし，「スキンシップ」は和製英語である。これを英語に訳せば，emotional communication (between mother and child) through physical contact あたりになる。

また，JLEs が，英語の授業で受ける「言語インプット」，すなわち日本の中学校，高等学校で使用されている英語教科書に頻出する接尾辞を，そうでないものより容易に習得している可能性も否めない。たとえば，彼らにとって習得が容易な接尾辞（例：-ism, -ist, -ly$^{(adv)}$, -er, -able$^{(FC)}$）は教科書での出現回数が多く，困難な接尾辞（例：-ette, -let, -ling, -age, -ent）はその回数が少ないことも予想される。

6.5　実験 2 のまとめ

実験 2 では，55 種類の英語の派生接尾辞の習得難易度を調査し，その結果を B&N（1993）および M&A（2000）の先行研究結果と比較した。3 つの研究の習得難易度順序に共通していたのは，どれも -er, -ly$^{(adv)}$, -ful の習得が容易であると位置づけていた点である。よって，-er, -ly$^{(adv)}$, -ful は第二言語学習者にとって普遍的に習得が容易である可能性が高いと言える。このような共通点がありつつも全体的な傾向としては，実験 2 と M&A の習得難易度順序との間には中程度の相関が見られたが，B&N との間には関連性が見られなかった。したがって，実験 1 の接頭辞のみならず実験 2 の接尾辞に関しても，3 つの研究の共通点は少ないと言える。

実験 2 と M&A（2000）には共通するが，B&N（1993）と異なる点は，-ish, -ity, -y$^{(adj)}$ が，実験 2 と M&A では習得困難であったのに対し，B&N では容易であったことである。また，B&N および M&A と異なる点は，-ment が実験 2 では習得が困難であったのに対し，他の 2 つの研究では容易であったことである。これらの事実から考えられるのは，-ish, -ity, -y$^{(adj)}$, -ment が普遍性とは別の要因によって難易度が左右されているという可能性である。中でも -ish, -ity, -y$^{(adj)}$ については，JLEs の母語からの影響が関与しているかもしれない。また，少なくとも JLEs の間には，ある程度共通した接尾辞の難易度順序が存在する可能性があるとも考えられる。以上の習得の事実と議論に基づき，本研究では B&N（1993）の分類への代案として，JLEs のための接尾辞の習得難易度順序を新たに提案した。

7. まとめ

　本稿では，大学生 JLEs を対象に，派生接辞の習得難易度順序を調査した。その際，派生接辞を接頭辞と接尾辞に分けて分析を行い，本実験から得られたそれぞれの習得難易度順序を提示した。そして，この習得難易度順序を，先行研究である B&N (1993) と M&A (2000) が提案するものと比較した。まず，B&N との比較結果であるが，本実験の習得難易度順序は，接頭辞と接尾辞のどちらにおいても B&N の提案とは一致しなかった。この事実により，第二言語学習者に適用できると仮定した B&N の習得難易度順序は，少なくとも JLEs にはそのまま適用できない。次に，本研究と同様にJLEs を実験対象者にした M&A との結果と比較した。その結果，共通の習得難易度順序が存在する可能性を見出した。そして，その度合いは，接尾辞よりも接頭辞の方が高いことを明らかにした。以上の比較分析結果に基づき，本研究では JLEs のための新たな習得難易度順序を提案した。

　さらに，本稿では，JLEs の派生接辞の習得難易度順序を決定する要因について考察を行った。まず，接頭辞に関しては，母語である日本語に借用されたカタカナ接頭辞の存在が習得難易度に影響を及ぼす要因ではないかと提案した。また他の要因として，接頭辞自体の言語特性，すなわち接頭辞の形態的な独立性と意味の客観性が影響している可能性も指摘した。一方，接尾辞については，接頭辞とは異なる2つの要因，接尾辞が派生する語の品詞（動詞と副詞）と，接尾辞の意味素性（[＋small], [＋cause], [＋state], [＋quality]）が難易度の決定に大きく関与しているのではないかと提案した。その他に，接尾辞の生産性と母語からの影響という要因も考えられるが，上の2つに比べると，その影響力はさほど強くはないと指摘した。

　最後に，本研究を遂行するにあたり，残された課題について触れておきたい。本文中や注釈において既にいくつかの課題を取り上げてきたが，とりわけ今後の調査を要すると思われるのは以下の3点である。まず，さらに多くの実験を行うことで，本稿で提出した派生接辞の習得難易度順序が一般性の高いものであるかどうかを検証して行かなければならない。そして，新たな実験で得られたデータを活用することで，習得難易度順序を構成する要因についても考察を深めていく必要がある。3つ目として，派生接辞を学習者

に明示的に指導することが，第二言語学習者の接辞理解を促進する可能性があるため，明示的指導と接尾辞習得との関連性についても調べていくべきである[16]。このような一連の調査によって，これまで不明な部分の多かったJLEs の派生接辞の習得の仕組みが，より一層明らかにされていくことを期待したい。

本稿は，Tamura & Shirahata（2016, 2017）および Tamura（2017）を基に，加筆修正を行ったものである。

参考文献

Bauer, L., & Nation, P. (1993). Word families. *International Journal of Lexicography, 6*, 253–279. doi: 10.1093/ijl/6.4.253
Brown, R. (1973). *A first language: The early stages*. Cambridge, MA: Harvard University Press.
Daulton, F. (2008). *Japan's built-in lexicon of English-based loanwords*. Clevedon & Philadelphia: Multilingual Matters.
Daulton, F. (2009). Word formation and EFL in Japan. *The Ryukoku Journal of Humanities and Sciences*, *31*, 217–220.
de Villiers, J. & de Villiers, P. (1978). *Language acquisition*. Cambridge, MA.: Harvard University Press.
Dulay, H., & Burt, M. (1974). Natural sequences in child second language acquisition. *Language Learning*, *24*, 37–53.
Dulay, H., Burt, M., & Krashen, S. (1982). *Language two*. New York: Oxford University Press.
Ellis, R. (2008). *The study of second language acquisition* (2nd ed.). Oxford: Oxford University Press.
影山太郎. (1997).「日英語の語形成」. 斉藤倫明・石井正彦(編著)『日本語研究資料集 第 1 期第 13 巻：語構成』. 東京：ひつじ書房.
影山太郎. (1999).『形態論と意味』. 東京：くろしお出版.
Katamba, F. (1993). *Morphology*. London: Macmillan.
Katamba, F. (1994). *English words*. London: Routledge.

---

16 派生接辞の明示的指導の効果については，筆者らはすでに実験を行い，その結果を学会にて報告したところである。そして，接頭辞，接尾辞ともに，明示的指導をしても習得難易度順序自体は基本的に変わらないというのが筆者らの得た結論である。考察を含めた詳細については，今後別稿にて発表していく予定である。

北原保雄 (編). (2010).『明鏡国語辞典 第 2 版』. 東京：大修館書店.
Koike, I. (1983). *Acquisition of grammatical structures and relevant verbal strategies in a second language.* Tokyo: Taishukan Shoten.
Marchand, H. (1960). *The category and types of present-day English word-formation: A synchronic-diachronic approach.* Munich: C.H. Beck.
Mochizuki, M., & Aizawa, K. (2000). An affix acquisition order for EFL learners: An exploratory study. *System, 28,* 291–304. doi:10.1016/S0346-251X(00)00013-0
竝木崇康. (1985).『語形成』. 東京：大修館書店.
西川盛雄. (2006).『英語接辞研究』. 東京：開拓社.
西川盛雄. (2013).『英語接辞の魅力：語彙力を高める単語のメカニズム』. 東京：開拓社.
大石強. (1988).『形態論』. 東京：開拓社.
沖森卓也. (2012).「語の構造と分類」. 沖森卓也 (編著)・木村一・鈴木功眞・吉田光浩. (著)『語と語彙』. 東京：朝倉書店.
Quirk, R., Greenbaum, S., Leech, G., & Svartvik, J. (1985). *A comprehensive grammar of the English language.* London: Longman.
Shirahata, T. (1988). The learning order of English grammatical morphemes by Japanese high school students. *JACET Bulletin. 19,* 83–102.
白畑知彦・若林茂則・須田孝司. (2004).『英語習得の「常識」「非常識」：第二言語習得研究からの検証』. 東京：大修館書店.
Soanes, C. & Stevenson, A. (Eds.). (2003). *Oxford dictionary of English.* Oxford: Oxford University Press.
Spada, N. & Lightbown, P. M. (2002). Second language acquisition. In Schmitt, N. (Ed.), *An introduction to applied linguistics,* 115–132. London: Arnold.
Tamura, T. (2017). Suffix difficulty order among Japanese EFL learners. *Proceedings of PacSLRF 2016, 217*–212.
Tamura, T., & Shirahata, T. (2016). Prefix difficulty order among Japanese university learners of English. *Studies in Subject Development, 4,* 47–56.
Tamura, T. & Shirahata, T. (2017). Knowledge of English prefixes among Japanese adult learners of English. *JACET Journal, 61,* 69–87.
寺内正典. (1994).「形態素の習得」. 小池生夫 (監修) SLA 研究会 (編)『第二言語習得研究に基づく最新の英語教育』. (pp. 24–48). 東京：大修館書店.

第6章

完結性解釈の段階的発達にみられる母語の影響と語彙の転移

若林茂則　木村崇是

1. はじめに

　本研究では，英語の文の**完結性**（**telicity**）について，日本語母語話者の解釈を調査し，第二言語習得における文法発達の一面を明らかにする。文の完結性は，語彙・形態・統語の組み合わせで決まる。時制を過去に，動作主を主語に，主題・対象を目的語にとる行為動詞の文に限定して実験を行った結果，完結性の解釈の習得には複数の要素が関わる段階的な発達がみられることが明らかになった。本稿での考察および結論をあらかじめ述べると以下のようになる。

- 初期段階では母語の影響はみられず，ある程度習得が進んだ段階になって，**正の転移**（**positive transfer**）が起こる。
- 日本語母語話者にとって，**定冠詞**（**definite article**）*the* + 複数名詞（例：*the apples*）が目的語になる場合，不定冠詞 *a* (*n*) や**指示詞**（**demonstrative**）*these* がある名詞句（*an apple, these apples*）が目的語の場合よりも，完結性の解釈が難しい。
- この難しさの差は，**定**（**[+definite]** ／ **[+def]**）を用いた完結性の計算の複雑さの違いに原因があるのではなく，計算に必要な *the* などの語彙的特性，および学習者の母語に目標言語の語と同じ語彙的特性を持つ語がある

[163]

かどうかに起因する。

　以下，2節で，本稿で扱う日英語の行為動詞の完結性について記述し，その完結性の有無がどのようにして定まるかについて述べる。3節では先行研究としてKaku (2009) を紹介し，その研究成果に基づいて本研究で扱う問題を明らかにする。4節では本研究での仮説とデータによる検証を取り上げ，5節で日本語母語話者のもつ英語の名詞句の知識と完結性の関係について議論する。さらに，6節では本研究で得たデータおよび議論をもとに，第二言語習得モデルを検証し，7節では結論を述べる。

2.　日本語と英語の完結性の決定
2.1　行為動詞が用いられた文が表す3つの意味
　動作主を主語に，主題・対象を目的語にとる**行為動詞（action verb）**[1]が用いられた文の意味について，(1) の例をもとに考えることから始めよう。

(1)　太郎はリンゴ1個を食べた。

行為動詞を用いた文は，典型的に「動作」「(動作主や対象の)状況変化」「変化の結果」を表す（影山, 2001, 第1章参照）。(1) は，動作主「太郎」が何らかの動作をし（動作），状況に変化が起きて（変化），最終的に新たな状況になった（結果）ことを表す。(1) には (2) の内容が含まれている。

(2)　動作：「太郎」が「リンゴ」を食べ始め，食べ続けた。
　　　→変化：太郎が食べることで，リンゴの量が減っていく。
　　　　→結果：1個のリンゴがなくなった。

---

[1] 本稿での「行為動詞」は学校文法でいう「動作動詞」に含まれるが，下に記述するように「動作」はその意味の一部でしかないことや，いわゆる動作動詞にはここでは扱わない動詞も含まれることから，「行為動詞」という用語を用いることとした。動詞の種類については，研究によって様々な分類があるため，注意が必要である。

「完結性」は，行為動詞を用いた文が表す「動作」「変化」「結果」のうち「結果」に関わる意味であり，変化が完了し，動作主や動作の対象が変化の途中とは明らかに異なる状態になったとき，**完結的であるまたは完結性がある**（telic）という。(1) の文は，「1 個のリンゴがなくなった」という形で動作が完了し，結果として対象の変化が全体に及んでいるため，完結性がある。

　日本語と英語の行為動詞を用いた構文では，完結性の決定について重なる部分と異なる部分があるが，目的語が重要な役割を果たす点では共通している。まず，**不定（[-definite] ／ [-def]）**の名詞句が目的語となっている文について考えよう。

(3) a.　トムはリンゴを食べた。
　　b.　Tom ate an apple.

(3a) と (3b) はほぼ同義だが，完結性については異なる。完結性を否定する文をつなげ，「完結性のキャンセル」(Slabakova, 2001) をしてみよう[2]。

(4) a.　トムはリンゴを食べたが，食べ終わらなかった。
　　b.　# Tom ate an apple, but he didn't finish eating it.[3]

　(4a) では「食べ残した」という結果がありえるため，完結性のキャンセルが可能である。これは行為の結果が「リンゴ全体」に及ぶとは限らないためである。一方，(4b) でははじめの節が「1 個全部食べた」ことを意味す

---

[2] 本論文では「キャンセルする」「矛盾する」「容認不可能」は，それぞれ以下の意味で用いる。「キャンセルする」は「初めの節の内容から一般的に推測される『完結した結果内容』を，後ろの節で打ち消すこと」を表す。「矛盾する」は，「初めの節が完結性をもつ一方で，後ろの節が完結性を打ち消す（キャンセルをする）ため，初めの節と後ろの節の内容が一連の出来事（の記述）として同時に成立できないこと」を表す。「容認不可能」は，「文に矛盾が含まれるため，意味を成すとは認められず，意味解釈が可能な日本語として容認できないこと」を表す。
[3] この英文は Slabakova (2001) の実験文で，本研究の実験 2 でも用いる。なお，本稿では，ある文が文法的には適格だが意味的に矛盾する場合，# を文頭につけて示す。

るため,「完結性のキャンセル」は不可能である。これは (4b) で, 目的語の名詞句に含まれる冠詞 an が「1 (個)」を表し, an apple が「リンゴ 1 個全体」を表しているためである。

「リンゴ 1 個全体」を指す an apple のような**可算 (countable)** で単数の名詞句は,「**境界性がある**」**[+bounded]**／**[+b]** と言われる (Jackendoff, 1991)。例えば, [+b] の名詞句で表された「リンゴ」にもう一つ「リンゴ」を加えると an apple で指すことはできず, an apple で表された「リンゴ」を切り分けて半分にしても an apple では指せなくなる (Quine, 1960)。これに対し, apples や wine のような不定の複数や不可算 (uncountable) の名詞句には境界性がない [-b]。例えば, いくつかある「リンゴ」を 2 つのグループに分けても apples であり, グラスに入った「ワイン」を 2 つのグラスに分けても wine で指すことができる (Quine, 1960)。

このように apples や wine は, 指示対象全体を指すとは限らないため, 指示対象全体が行為のために変化した (結果が全体に及んだ) とは限らない。そのため, but 以下の部分をつなげて完結性のキャンセルを行っても意味の矛盾が起こらない。

(5) a.　Tom ate apples, but he didn't finish eating them.
　　b.　Tom drank wine, but he didn't finish drinking it.

つまり, (4a) の日本語の「リンゴ」に境界性がないのと同様に[4], (5a) の apples は複数であるため境界性がなく, また (5b) の wine は不可算であるため境界性がない。

英語でも日本語でも, [+b] の名詞句が目的語として, 行為動詞の過去形とともに用いられると, その動詞の表す行為・変化・結果は目的語全体に (境界で区切られた指示対象全体) に及ぶため, 文の意味は完結性をもつよ

4　日本語の名詞は単独で裸形名詞 (bare noun) として使われる場合, すべて不可算名詞だという主張がある (Chierchia, 1998)。これが正しければ, NP は [-b] となる。また, Watanabe (2006) のように, 英語でも日本語でも可算／不可算の別は単語レベルでは決まらず, 統語レベルで決まるという考え方もある。いずれの考え方に従っても, ここでの議論に影響はない。

うになる。また，[-b] の名詞句が目的語として用いられた場合，これらの名詞句では「指示対象」を対象外のものから切り離す境界線がなく，名詞句は「全部」を指すとは限らないため，行為が完結した（目的語が指すもの全部に及んだ）かどうかには言及していない。したがって，(5) のように完結性のキャンセルができる。

日本語でも，(3a) も「1個[5]」を明示すると，完結性のキャンセルができなくなる。

(6) #トムはリンゴ1個を食べたが，食べ終わらなかった。

(6) のはじめの節「…食べた（が）」は，食べたのはリンゴ1個で，それより多くも少なくもないことを表し，続く節の「食べ終わらなかった」と意味の矛盾を起こす。繰り返しになるが，英語の場合の矛盾 (4b) も *an apple* が「リンゴ1個全体」を表すからである。

ここまで，不定の名詞句を目的語に取る場合について述べた。英語では，目の前にあるものやすでに話題になっているものなどを指す場合は，指示詞 *this*, *these* や定冠詞 *the* を名詞句につけたり，代名詞を用いたりする。これらの（代）名詞句は定であり，目的語として用いられた場合は，不定の場合と解釈が異なる。

日本語にも「こ（の）」「そ（の）」「あ（の）」などの指示詞がある。下の (7a, b) は (7c, d) に対応し，英語と同様，意味の矛盾が生じている。

(7) a. #トムはこれらのリンゴを食べたが，食べ終わらなかった。
    b. #トムはこのリンゴを食べたが，食べ終わらなかった。
    c. #Tom ate these apples, but he did not finish eating them.
    d. #Tom ate this apple, but he did not finish eating it.

(7) では，「食べる」という行為が「これらのリンゴ」や「このリンゴ」全

---

5 「1個」の「個」など，数を表す際に用いられる語を類別詞 (classifier) とよぶ。後にみるように類別詞は「たくさんの」などの数量詞とは異なるふるまいをする。

体に及び，その結果，目的語の指示対象「全体を食べた」ことになる[6]。したがって，but 以下の節で完結性をキャンセルできない。これは，日英語いずれも，指示詞が含まれている名詞句は [+def] で境界性をもち，このような [+def] の名詞句が行為動詞の目的語になると，行為が名詞句の表す対象の全体に及び，過去時制の文では完結性が生じるためである。

　英語の定冠詞は，指示対象の範囲を限定する役割を持つ指示詞とは異なり，[+def] のみを表すと考えられるが，定冠詞がついた名詞句は，一般的に，談話場面において，名詞句の内容に合う物事の全体を指す (Hawkins, 1978, 1991)。(8) の例で考えよう。例は Trenkic (2009) からの引用である。

(8) a.　Pass me the mug.
　　b.　Pass me a mug.
　　c.　Pass me the mugs.
　　d.　Pass me two mugs.

　(8a) は，手渡せるマグカップが 1 つしかない場合や特に話題になっているマグカップが 1 つだけある場合に用いられ，(8b) は 2 つ以上ある場合，どれでもいいので 1 つ取ってほしいという意味で用いられる。英語の母語話者同士の会話では，手渡せるマグカップが 2 つ以上あり，特に話題になっていないときに (8a) を用いると，聞き手は「どのマグカップのこと？」という反応を，1 つしかないときに (8b) を用いると「ほかにもマグカップがあるのか？」という反応をするだろう。(8c) は，手渡せるマグカップが 2 つ以上ある場面で，全部取ってほしいという意味である。手渡せるマグカップが 3 つ以上ある場面で，そのうち 2 つ取ってほしいときは (8d) を用いる。

6　ご自分の直観とは異なる読者は (4a) の文と比較していただけば，キャンセルできる場合との違いがはっきりすると思われる。ただし，コンテキストがあれば，指示詞が使われていてもキャンセル可能な場合もある。たとえば「太郎は，このリンゴを食べたが，半分悪くなっていたので，そこは食べなかった。」のように言える。(この例文が意味的に矛盾すると判断する日本語母語話者もいる。)この場合は語用論レベルで完結性がキャンセルされたと考えられるが，本論文ではこのような場合は扱わない。なお (7a, b) の文に関する日本語母語話者の判断は 4.1 の実験 1 で確認する。

(8) の例からわかるように，定冠詞を含む名詞句は談話の中にある指示対象（ここではマグカップ）全部／全体を指すため，境界性があり，行為動詞の過去形とともに用いられると文は完結性をもつ．下に示したように，単数・複数にかかわらず，後に続く節で完結性のキャンセルはできない．

(9) a. #Tom ate the apples, but did not finish eating them.
　　b. #Tom ate the apple, but did not finish eating it.

以上の通り，指示詞は日英語の両方に存在し，定 [+def] である．一方，英語の *the* のように，指示 [+demonstrative] を表さず [+def] のみを表すような語彙は，日本語には存在しない．さらに，ここで重要なのは，日英語いずれにおいても [+def] の場合，名詞の可算／不可算，単数／複数の区別にかかわらず，名詞句は境界性があり [+b]，過去時制の文の行為動詞の目的語になると完結性が [+telic] になる点である．

ここまでの英語と日本語における境界性・完結性の有無の違いを (a) 定冠詞・指示詞の有無，(b) 目的語名詞の可算／不可算の別，(c) 数の単複の別，の点からまとめると表1のようになる．

表1　行為動詞の目的語名詞句と名詞句の境界性・文の完結性の関係

	定冠詞・指示詞の有無	目的語名詞句の名詞の可算／不可算の別	目的語名詞句の単複の別	境界性・完結性の有無
英語	あり [+def]	可算・不可算とも	単数・複数とも	あり
	なし [-def]	可算	単数	あり
			複数	なし
		不可算	単数	なし
	指示詞の有無	目的語名詞句の名詞の可算／不可算の別	類別詞による目的語名詞句の数の表示	境界性・完結性の有無
日本語	あり [+def]	−	あり・なしとも	あり
	なし [-def]	−	あり（例：1個，1本）	あり
		−	なし	なし

本稿で扱う行為動詞の文では，境界性の有無と完結性の有無は同一であるため，一番右の列にまとめてある（ただし，脚注9参照）。また，英語に関する記述のうち，定冠詞や指示詞がある場合は，可算／不可算や単複の別は境界性および完結性の決定にかかわらないため，「可算・不可算とも」などと記した。日本語の名詞には，可算／不可算の別がないが，英語との対比のために，その欄は残した。なお，類別詞による数の表示と完結性の関係については，脚注12をご参照いただきたい。

　ここまで，行為動詞の目的語の名詞の可算／不可算の別，名詞句の数，定・不定 [+/-def] と境界性の関係をみた。繰り返しになるが，表1に示した通り，ここまで検討したような行為動詞を主動詞とする過去時制の文では，目的語名詞句の境界性の有無と文の完結性の有無は完全に一致し，目的語名詞句の境界性はそれが**統語物（syntactic object）**[7]としてできていく過程で決定される。2.2 では，その決定の仕組みをみる。

2.2　英語と日本語の名詞句の境界性

　2.1 でみた通り，行為動詞を主要部とする過去時制の文は，目的語の名詞句に境界性がある場合（[+b]）には完結性があり [+telic]，境界性がない場合（[-b]）には完結性がない [-telic]（Verkuyl, 1993）。それでは，文の完結性の決定要素である名詞句の境界性はどのように決まるのか。境界性は，統語物として名詞句構造が作られる**派生（derivation）**[8]で計算され，名詞句の完成時点で確定する[9]。ここでは，その過程についてみていこう。

7　Syntactic Object は，『チョムスキー理論辞典』（原口・中村・金子, 2017）では，「統語対象」と訳されているが，ここでは，「派生の結果出来上がった，内部構造をもつ統語構造としての塊 K {α, {β, γ}}」（上掲書, p. 678, Chomsky, 1995, p. 226）」の意味を重視して，「統語物」と訳すことにする。英語の object にはもともと日本語で2つの意味，すなわち「（操作の）対象」と「（操作の結果出来上がった）もの」の両方の意味があることに注意。なお統語物には，K {α, {β, γ}} と「語彙項目」がある。「語彙項目」は，本稿での「語彙」に相当する。6節参照。

8　この名詞句構造は，他の統語物と同じように，2つの要素の併合によって，順に作られる。その過程をミニマリストプログラム（Chomsky, 1995）に従って，「派生」とよぶ。

9　目的語名詞句と動詞の組合せによっては，以下の説明に合わない場合もある。例えば，(fn1 a) は完結性があり，(fn1 b) は完結性がない（cf. Slabakova, 2005, pp. 64–65）。

　　(fn1) a. Mike drove a mile.　　　　b. Mike drove a new car.

統語物は2つの要素が**併合**（**Merge**）されることによって作られていく。ここでは議論を簡潔にするために，名詞（N）に形容詞がつかず，単体でNPとなる場合を考える（N=NPの場合，NPと記す。脚注10参照）。英語の名詞句には必ず**決定辞**（**Determiner** ／ D）と**数**（**Number** ／ Num）が含まれ，(10) の階層構造をもつ（[ ] で示した内容と樹状図は全く同じ内容を表している）。

(10)　[_DP　D　[_NumP　Num　NP]]　[10]

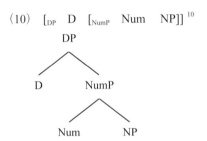

日本語ではどうか。英語の名詞句にはDやNumが必ず含まれるのに対し，日本語の名詞句ではDやNumが含まれない場合がある（Déprez, 2005; Wakabayashi, 1997）。名詞句にDとNumが含まれる場合は (11) のように記述でき，英語と同じ構造をもつ（脚注10参照）[11]。

これは，(fn1a) は行為・変化・結果を表すのに対し，(fn1b) では目的語名詞句の *a new car* が変化しないためである。なお，以下の記述は，Verkuyl (1993)，Jackendoff (1996)，Soh & Kuo (2005) に基づく。

10　以下，ミニマリストプログラム（Chomsky, 1995; Radford, 2016, 第3章参照）に従い，基本的に裸句構造（Bare Phrase Structure）を用いて樹状構造を記述する。なお，英語の (10) では，Num が NP（= N）の左側にあり，下の日本語の (11) ではこの順が逆になっているが，ミニマリストプログラムでは，統語は統語物の構造を決めるだけであって，語順を決めるわけではないので，(10) と (11) は統語物としては同一である。言い換えれば，ミニマリストプログラムでは主要部（位置）パラメータ（head (-direction) parameter）の値は統語レベルでは決まらない。

11　類別詞などを用いたより詳しい記述については，吉田 (2005)，Watanabe (2006, 2010) を参照していただきたい。本稿では，不必要な複雑さを避けるため，完結性の決定に関わる部分のみをとりあげた。また，ここでのNumP は，Watanabe の #P に相当すると考えられる。さらに，分散形態論の考え方にしたがって，格助詞の「の」や「を」は，統語レ

(11) [DP [NumP NP Num] D]

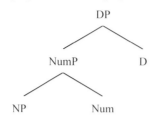

　この統語物でも，英語の場合と同様，まず，NP と Num が併合されて NumP ができ，その後，NumP と D が併合されて DP ができる。

　英語の場合，NP のもつ可算性（可算 [+countable]（例：*apple*）か不可算 [-countable]（例：*wine*）かという**素性（feature）**）と，Num のもつ数（単数 [singular] か複数 [plural] かという素性）の組み合わせが，(10) の DP に含まれる NumP の境界性の有無 [+/-b] を決める。その決定は (12) の 3 つの場合に分けられる。(13) には NumP の樹状構造を示した。なお (13) 以降の例では [+/-b] とその決定に関わる要素を太字で示した。

(12) a.　NP が [+countable] で Num が [singular] の場合，NumP は [+b] で (13a) の構造をもつ。
　　 b.　NP が [+countable] で Num が [plural] の場合，NumP は [-b] で (13b) の構造をもつ。
　　 c.　NP が [-countable] の場合，Num は [singular]，NumP は [-b] となり (13c) の構造をもつ。

(13) a.

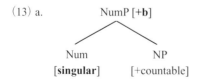

ルでは含まれていないと考える（Halle & Marantz, 1993 ほか参照）。本稿では，これらの格助詞は（ ）に入れて，「(の)」のように表す。

2. 日本語と英語の完結性の決定 | 173

b.
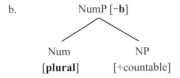

c.
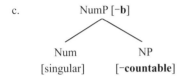

　日本語では，Num も D も併合されない場合，NP のみで名詞句となる。日本語の名詞は可算／不可算の別がないので，NP の [+/-b] も定まらない。（あるいは，日本語の名詞はすべて不可算だと考えれば，N は [-b] となる。脚注 4 参照）。たとえば「リンゴ（を）」の場合，単独で名詞句となる。

(14)　[$_{NP[(,√b]}$ リンゴ（を）]

　「リンゴ」の数を示す場合，「リンゴ1個」あるいは「1個のリンゴ」のように言う。これらの統語構造と境界性はそれぞれ下の (15a, b) のように記述できる。(15a) では，「リンゴ」を主要部とする NP が Num [singular] と併合した後，類別詞句（Classifier Phrase ／ ClP）「1個」が併合されて NumP を形成し，その後 NP が NumP の指定部に移動する。(15b) では，「リンゴ」を主要部とする NP の移動は起こらず，元位置にとどまる（吉田，2005 も参照）[12]。

―――――
12　これらの文の「1個」を「2個」や「100個」で置き換えても，名詞句は [+b] となるので，[singular] は [+cardinal] とするほうが正確であるが，英語との比較のためにこの形にする。6節参照。Watanabe (2006) では，「個」は Num（Watanabe では＃）の主要部位置にあるが，ここでの議論には (15) の形で十分である。吉田 (2005) も参照。また，「1個」も内部構造をもつが，この内部構造は境界性とは関わりがないので，本論文では論じない。また，ここでは (15a) の NP「リンゴ」の移動がなぜ起こるのかは論じない。ここでの NP の移動は一見，反局所性（anti-locality）違反（Abels, 2003）に見えるが，下の NumP を越えているため，違反は起こらない（Bošković, 1994 を参照）。

(15) a.

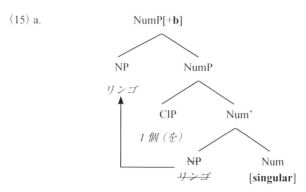

b.

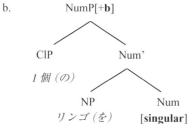

　次にDがNumPに併合した場合を考えよう．英語ではこの併合は義務的であるが，日本語では義務的ではない．つまり英語の名詞句の派生では，必ず(13)のNumPにDが併合され(16)のようにDPが作られるが，日本語の名詞句はDPではない場合もある．
　まず英語のDが定[+def]の場合は，NumPが[+/-b]のいずれであるかに関係なく，DPの境界性は[+b]となる．一方，Dが[-def]の場合，DPの[+/-b]はNumPと同じになる．それぞれを(16)に示す(2.1表1参照)．

(16) a.　D[+def]の場合，NumPの[+/-b]にかかわらずDP全体は[+b]

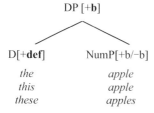

b. D[-def] で，NumP[+b]，NP[+countable] の場合，DP 全体は [+b]

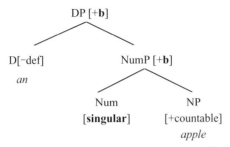

c. D[-def] で，NumP[-b]，NP[+countable] の場合，DP 全体は [-b]

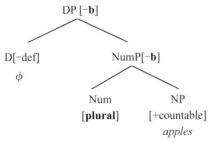

d. D[-def] で，NumP[-b]，Num[singular]，NP [-countable] の場合，DP 全体は [-b]

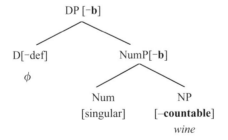

英語の名詞句は必ず DP で，上の (16) のいずれかの構造をもつ。また *many* のような [-def][plural] の**数量詞**（**Quantifier** ／ Q）が含まれる場合，(16c) と Q が併合して，(17) のように QP が作られる [13]。

13　本稿では扱わないが，*these many books, this many books* のような形が可能であり，この場合は，*this* や *these* は D[+def] であることから，*many* が用いられた名詞句が (17) とは異なる構造をもつと考えられる。

(17)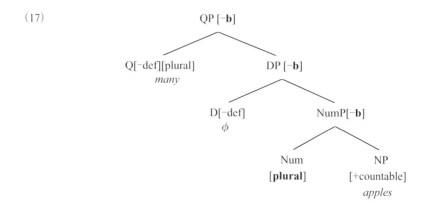

　日本語の名詞句は英語の名詞句と異なり，必ずしも D が併合される必要がない。しかし，日本語には，英語の *this* や *these* に相当する「これら（の）」や「こ（の）」があり，このような指示詞が用いられた場合，名詞句の構造は下のようになる。ここでは D[+def] の指定部に指示詞「この」「これらの」[14] が併合されている。この場合，英語の DP[+b] と同様，日本語の名詞句も DP で [+b] となる。

(18)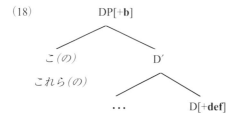

　また英語の *many* に相当する「たくさん（の）」のような不定数量詞がある名詞句は，Q を主要部とする QP となる。

---

14 「このリンゴ」はリンゴ 1 個を「これらのリンゴ」はリンゴ 2 個以上を指すように見えるが，「この」は「この 3 個のリンゴ」のように複数を指すこともあり，「この」があるだけでは数とは言えない可能性があるため，(18) は Num を含まないこととした。

(19)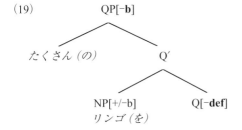

ここまでの記述をまとめると以下のようになる。

(20) a) 英語では D と Num が名詞句の構造に必ず含まれ，名詞句は DP である。Q が DP と併合するときのみ QP となる。
b) 日本語の名詞句の構造は NP, NumP, DP, QP のいずれかである。
c) 名詞句は，
   i) 英語では Num[singular] かつ NP[+countable] なら [+b]
   ii) 日本語は Num[singular] なら [+b]
   iii) 上の i)，ii) にかかわらず，日英語ともに D[+def] なら [+b]
   iv) Q[-def] が含まれると QP は [-b]

先に 2.1 でみた通り，英語でも日本語でも，行為動詞の完結性は目的語の [+/-b] で決まる。つまり，名詞句が [+b] であれば，その名詞句を目的語に取る行為動詞を主動詞とする文は完結性があり，[-b] であれば完結性がない。

この日本語と英語の違いから，日本語母語話者が英語を習得する場合，どのような予測が立つだろうか。本稿の実験における仮説を立てる前に，次節ではまず (20a, b) の日英語の違いを中心に，日本語母語話者による英語の完結性の解釈を研究した Kaku (2009) をみる。

3. Kaku (2009)[15]

　Kaku (2009) は，196 人の日本語を母語とする英語学習者と 20 人の英語母語話者を対象に，英語に関するデータ収集を行い，それに加えて 20 人の日本語母語話者を対象に日本語に関するデータ収集を行った。196 人の英語学習者は，初級者に分類された日本の中学 2 年生 60 名と，クイックプレイスメントテスト (University of Cambridge Local Examinations Syndicate, 2001) の結果に基づいて分けられた中級者 96 名および上級者 40 名である[16]。

　実験[17]では，図 1 に示した A，B，C の順番に，コンピュータの画面上に絵と英文が示された。

図 1　Kaku (2009, p. 129, Figure 4) の真偽判断タスクのスライドの例

　実験参加者は A, B では文脈を理解し，C では絵で示された状況と英文の内容が一致するかどうかを判断することが求められた。図 1 の例では，まず，A の段階では，星と消しゴムが描かれた絵が画面上に現れ，Lisa drew a star on a piece of paper, but wanted to get rid of it. という英文が示された。続いて，B の段階で，消しゴムで星を消す場面を描いた絵が画面上に現れ，This is what she did という英文が示された。最後に，C の段階では，星が消されて無くなったことを示す一番右の絵が現れ，Lisa erased the star. という

15　Kaku (2009) の一部は Liceras, J. M. や Kazanina, N. らとの共同研究の形で，2007 年から 2008 年にかけて数編の論文として発表されている。ここでは，オタワ大学に提出された博士論文 Kaku (2009) をみる。
16　Kaku (2009) は，実験参加者を英語圏在住者と日本在住者に分け，両者を比較している。この分類は本稿での論考に関係がないため，以下ではこのような分類がされる前の，両方をまとめて分析した結果を紹介する。
17　Kaku (2009) は，名詞句の数を表す形態素の知識を調査しているが，この結果と内容真偽判断タスクの結果には直接の関係がなかったため，この調査については説明を省く。

文が画面上に示された。実験参加者はAからCの文脈と与えられた文 (Lisa erased the star.) が一致するかどうかについて，Yes / No / I did not understand the sentence の3つの選択肢のうちの一つを選ぶように求められた。さらに No と答えた場合は，その理由を英語または日本語で説明するように求められた。

図1のスライドとともに与えられた説明および判断対象となった文の例は英語では (21)，日本語では (22) である (Kaku, 2009, pp. 224–225)。

(21) a. (Context) Lisa drew a star on a piece of paper, but wanted to get rid of it.
   b. (Target sentence) Lisa erased the star.
(22) a. (文脈) リサは紙に星の絵を書[18]きましたが，やっぱり取り除くことにしました。
   b. (判断対象となる文) リサは星を消しました。

絵で示された文脈の対象物の数と対象物の変化 (完結性の有無) の組み合わせは，下の表2の (A) ～ (D) の4通りである。判断対象となった文は，英語では (21b) のように目的語に定冠詞が用いられており，完結性があるが，日本語では (22b) のように指示詞や類別詞を用いた数の表示がないため，完結性はない。したがって母語話者からは，英語では，対象物の変化が全体に及ぶ絵では Yes，一部にしか及ばない絵では No という答が期待され，日本語ではいずれの場合も Yes という答が期待された。

表2　Kaku (2009) の実験の条件と期待される答

	対象物の絵		判断対象文と予想される各母語話者の答			
	数	変化	英語母語話者		日本語母語話者	
(A)	単数	全体	完結性あり 例 Lisa erased the star(s).	Yes	完結性なし 例 リサは星を消しました	Yes
(B)	単数	一部	^	No	^	Yes
(C)	複数	全体	^	Yes	^	Yes
(D)	複数	一部	^	No	^	Yes

18　原文のまま。

実験の結果は，下の図2の通りである。対象物の変化が全体に及ぶ（A）と（C）の場合，Yesは，英語母語話者の英語に対する答では両方とも100％，日本語母語話者による日本文に対する答では，97.5%と98.7%であった。一方，変化が全体に及ばない（B）と（D）では，Yesは英語母語話者ではそれぞれ18.8%と22.5%，日本語母語話者では58.8%，67.5%であった。一般的に判断タスクでは，Yesのほうに答えが偏りやすいこと（Pollack & Norman, 1964）を考慮すれば，行為の結果が全体に及ばない絵に対しては，各母語話者の回答から，英語の文（21b）は内容が一致しないと解釈され，日本語の文（22b）は与えられた絵と一致すると解釈されるとみなすことができる。

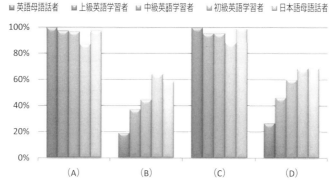

図2　Kaku（2009 p. 132, Figure 5）の真偽判断タスク結果：Yesの率（％）

註　各Conditionでは，一番左が英語母語話者による英語文に対する回答，一番右が日本語母語話者による日本語文に対する回答，その間の3つの棒は日本語母語話者による英語に対する回答。学習者グループは左のほうが熟達度が高いことに注意。

日本語母語話者の英語に対する答えは，対象の変化が全体に及ぶ（A）と（C）の場合，英語母語話者と同様，全グループでYesがほぼ100％であったが，一方，変化が全体に及ばない（B）と（D）では，初級者はYesが多かったものの，熟達度が上がるにつれてYesは減り，上級者はそれぞれ33.7%と44.5%であった。また，どのグループにおいても（B）（単数）よりも（D）（複数）に対してYesの答が多く（B）と（D）の間には統計的有意差があった。

このデータから，Kaku (2009) は，日本語母語話者の英語は，初級者は母語（日本語）の文法に頼っているが，熟達度の発達に応じて英語母語話者の文法へと近づくと提案している。また (B)（単数）と (D)（複数）の違いについては，解釈のための計算の複雑さの違いが反映した結果だと説明している。単数名詞句の場合は下の (23a) のように NumP と DP の両方が [+b] であるが，複数名詞句の場合は (23b) のように NumP は [-b] であり，D [+def] との併合によってできる DP の段階で，名詞句全体が [+b] に置き換えられる。そのため (B) よりも (D) のほうが派生が複雑であり，この違いがデータに反映されたという訳である。

(23) a.   D[+def], NumP[+b], Num[singular] の場合

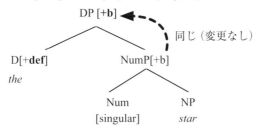

b.   D[+def], NumP[-b], Num[plural] の場合

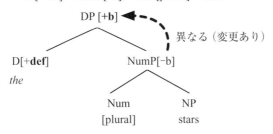

Kaku (2009) は，著者の知る限り，日本語母語話者による英語の完結性の習得について最初の研究で，母語の影響，完結性解釈と熟達度の関係，目的語名詞句の単複による解釈の違いを明らかにし，それらを文法理論や学習可

能性理論[19]に基づいて説明した実証的理論的研究で価値が高い。しかし不十分な点もある。一番大きな問題点は，2.1 でみたように日本語でも完結性が生じる場合があるが，それが考慮に入れられておらず，また実験文の名詞句がすべて定「+def」であったため，実際に日本語母語話者が [+/-def] を基に完結性を解釈したかどうかが不明であることだろう。次節では，前節で示した英語の違いを考慮して行なわれた実験（Kimura, 2014）に基づいて，これらの点について調査する。

4. 実験：Kimura (2014)

Kimura (2014) は 2 つの実験を行った。実験 1 では，日本語母語話者を対象に日本語文の容認性判断タスクを行い，第 2 節でみた日本語の完結性を実証的に確認した。実験 2 では，日本語母語話者と英語母語話者を対象に，実験 1 と同様のタスクを使用して，英語の完結性の解釈をみた。

4.1 実験 1
4.1.1 実験の目的
実験 1 の目的は，Slabakova (2001)，Yin & Kaiser (2011) の手法に基づく容認性判断タスク（下参照）の有用性を確認すること，および日本語母語話者による日本語文の完結性の解釈の確認である。

4.1.2 参加者とタスク
実験 1 の参加者は，20 歳から 22 歳の大学生日本語母語話者 10 名であった。実験文は (24) のような 2 つの節からなる文である。

(24) トムはリンゴを食べたが，食べ終わらなかった。(=4a)

(24) ははじめの節が非完結的で，キャンセル可能なので，意味の矛盾がな

---

19 Kaku (2009) は文法知識の変化（発達）を詳しく論じている。興味のある読者は同論文を参照のこと。

い。しかし，(25) のように，はじめの節が完結的であれば，「が」の前と後ろで内容が矛盾するため，容認不可能となる (2.1 参照)。

(25) #トムはリンゴ1個を食べたが，食べ終わらなかった。(=6)

参加者は，実験文の容認可能性を，−2 (完全に不自然)，−1 (たぶん不自然)，0 (どちらとも言えない)，+1 (たぶん自然)，+2 (完全に自然) の5段階で判断した。実験文は，すべて (24)(25) と同じように2つの節でできた「完結性のキャンセル」を含む文で，目的語は4タイプを用意した。

(26) a. 指示詞「この」+名詞 (例：「このリンゴ」)
 b. 指示詞「これらの」+名詞 (例：「これらのリンゴ」)
 c. 名詞のみの名詞句 (「裸形」とよぶ　例：「リンゴ」)
 d. 数量詞「たくさんの」+名詞 (例：「たくさんのリンゴ」)

(26a, b) の「この」「これらの」を含む名詞句が使われた場合は，目的語に境界性 [+b] が生まれ，コンマから後の記述と矛盾する。(26c) の裸形目的語や (26d) の「たくさんの」が含まれる目的語は境界性が [−b] で完結性がないため，コンマから後の文が続いても意味的には矛盾しない。したがって日本母語話者が本稿での記述通りの判断をすれば，(26a, b) を容認せず，(26c, d) を容認するはずである。各タイプ4文ずつを用意し，同じタイプの文が続かないように注意して並び替え，フィラー4文を加えた計20文を印刷して，参加者一人一人に紙で提示した。実験に要した時間は10分程度であった。

4.1.3　結果

上の予想通り，「この」「これらの」がついた名詞句は，各平均値が−1.25，−1.18で不自然と解釈され，一方，裸形および「たくさんの」がついた名詞句の文は，平均値が1.53および1.18で自然と解釈された。

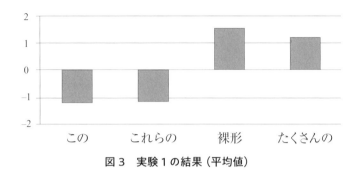

図3　実験1の結果（平均値）

　繰り返しのある1要因の分散分析で文タイプの平均値の差を検定した結果，有意差があった（$F(3, 27) = 26.5, p < .01$, partial $\eta^2 = .75$）。ボンフェローニ法による多重比較の結果，「この」と「これらの」の間，および，裸形と「たくさんの」には有意差はなく，「この」と裸形の間，「この」と「たくさんの」の間，「これらの」と裸形の間，「これらの」と「たくさんの」の間にはそれぞれ有意差（$p < .05$）があった。この結果から，Slabakova (2001), Yin & Kaiser (2011) の手法でのデータ収集が完結性解釈に関して適切な情報を提供すること，および，2節で示した完結性に関する記述が日本語母語話者の日本語の文法知識として共有されていることが確認できた。

4.2　実験2
4.2.1　参加者
　参加者は英語母語話者8名と日本語母語話者25名であった。年齢は，英語母語話者は17歳から56歳（平均=28.8；標準偏差=14.0），日本語母語話者は19歳から26歳（平均=21.7；標準偏差=1.9）で，日本語母語話者が初めて英語に触れた年齢は10歳から13歳（平均=11.6；標準偏差=0.8），英語学習期間は平均10.2年（標準偏差=1.9）であった。日本語母語話者は日本で英語英文学を専攻する大学生で，海外留学や海外在住経験のある者はおらず，クローズテスト（30点満点）によって，初級者（12点未満9名），中下級者（12～17点8名），中上級者（18点以上8名）の3グループに分けられた。

4.2.2　タスク

タスクは実験 1 と同じ形式の，完結性解釈をみるための容認度判断タスクであった。はじめの節には行為動詞と目的語が含まれ（例：*I ate the apple*），後ろの節には行為・出来事が未完結であることを表す表現（例：*but didn't finish eating it*）が含まれていた。参加者は文全体の容認性を -2（completely unnatural）から +2（completely natural）の 5 段階で判断し，単語がわからない場合には，5 つの選択肢とは別に設けた「わからない」という選択肢を選ぶよう指示された。実験文は実験 1 と同様にランダムな順序で提示された。日本語母語話者がクローズテストと容認度判断タスクにかかった時間は両方合わせて 30 分から 40 分程度であった。

4.2.3　実験文

実験 2 では，母語と派生の複雑さが完結性解釈にどう影響するかをみるため，表 3 に示した 7 タイプを使用した。タイプ 1 から 5 では完結性のキャンセルは不可能であり，文タイプ 6 と 7 では可能である。使用した動詞は Kaku (2009) の実験で用いられた動詞のうち，日本の中学校・高等学校の英語教育で学ぶ *eat, erase, read, paint* の 4 つである。単数・複数，定・不定 [+/− def]，定冠詞・指示詞という 3 つの違いが完結性の解釈にもたらす影響を調査するために，文タイプが多くなった。参加者の負担を考慮して各タイプのトークンを 4 つとし，錯乱文 12 文を含め，全部で 40 問を使用した。

表 3　実験文のタイプ

タイプ	例文	数	[+/− def]	D/Q の形態
1	#Tom ate an apple, but...	単数	[− def]	不定冠詞
2	#Tom ate the apple, but ...	単数	[+ def]	定冠詞
3	#Tom ate this apple, but...	単数	[+ def]	指示詞
4	#Tom ate these apples, but...	複数	[+ def]	指示詞
5	#Tom ate the apples, but...	複数	[+ def]	定冠詞
6	Tom ate apples, but...	複数	[− def]	音なし
7	Tom ate many apples, but...	複数	[− def]	*many*

註　各文とも *but* 以下にははじめの節の完結性をキャンセルする文が続く。

4.2.4　仮説

ここでは**全転移全接近仮説**[20]（Full Transfer Full Access Hypothesis, FTFA, Schwartz & Sprouse, 1994）と Kaku (2009) の考察に基づいて仮説を立てる。FTFA では，第二言語習得開始時点の学習者の知識が母語の文法のすべてを反映すると考えられている。したがって，指示詞あるいは数の表示（「1 個」など）を含む目的語のタイプでは日本語でも完結性があることから，学習者が英語の不定冠詞 *a* を，日本語における類別詞を用いた数の表示に相当すると解釈しているとすれば仮説 1 が，また，*this* や *these* を指示詞だと解釈しているとすれば仮説 2 が導かれる。

＜仮説 1 ＞日本語母語話者はタイプ 1（*a* N）を不自然だと判断する。
＜仮説 2 ＞日本語母語話者はタイプ 3（*this* N），4（*these* Ns）を不自然だと判断する。

また日本語には定冠詞に相当する語がないため（本稿 2.2 参照），定冠詞の [+def] に基づく完結性の判断は難しいと考えられ，仮説 3 が導かれる。

＜仮説 3 ＞日本語母語話者のタイプ 2（*the* N），5（*the* Ns）の判断はゼロに近くなる。

また，裸形および *many* Ns の目的語のタイプでは，日英語ともに非完結的な解釈がなされるため，仮説 4 が成立する。

＜仮説 4 ＞日本語母語話者はタイプ 6（Ns），タイプ 7（*many* Ns）を自然だと判断する。

一方，Kaku (2009) が正しく，NumP が [-b]，D が [+def] の場合，DP 全体の境界性を決定する時に起こる [+/-b] の変更が影響して解釈が難しくなるならば，名詞が複数形のほうが判断が難しいことになる。したがって，*these* Ns のほうが *this* N よりも判断が難しいと予測される。

20　6 節参照。

＜仮説5＞日本語母語話者にとっては，タイプ4 (these Ns) のほうがタイプ3 (this N) よりも不自然だと判断するのが難しい。

4.2.5 結果

各被験者グループの平均値は下の図4に示した通りであった。英語母語話者の反応は，繰り返しのある1要因分散分析の結果，文タイプ間で有意差があった (F (1.79, 12.51) =63.96[21], $p < .01$, partial $\eta^2 = .90$)。ボンフェローニ法 ($p < .05$) で多重比較した結果，予想通り，タイプ1から5の間およびタイプ6と7の間には有意差はなかったが，タイプ1から5とタイプ6，および，タイプ1から5とタイプ7の間には有意差があった。

日本語母語話者の回答は，参加者グループと文タイプの容認度判断の平均値について，繰り返しのある2要因の分散分析を実施した結果，学習者グループと文タイプに交互作用があった (F (3.63, 79.77) = 7.78[22], $p < .01$, partial $\eta^2 = .26$)[23]。ボンフェローニ法 ($p < .05$) による多重比較の結果，タイプ1 (a N), 2 (the N), および4 (these Ns) タイプでは初級者グループと中上級者グループの間に有意差があった。また初級者グループ内および中下級者グループ内ではどの文タイプの間にも有意差がなかった。数値的には，初級者グループは文タイプにかかわらず平均値が0.3~0.5前後で差がない。中下級者グループの平均値は-0.75~0.47で，そのうちタイプ1 (a N), 2 (the N), 3 (this N), 4 (these Ns) は-0.75から-0.56でマイナスであるのに対し，タイプ6 (Ns), 7 (many Ns) は0.47と0.26でプラスである。ただし，タイプ6 (the Ns) は0.41で初級者の値に近い。

---

21 Mauchlyの球面性検定で球面性が仮定できなかったので，Greenhouse-Geisserの値となっている。
22 同上。
23 査読者から，被験者間の比較として英語母語話者と各日本語母語話者グループを比較した方が良いという指摘を受けたが，ここでは比較の誤謬 (Comparative Fallacy) (Bley-Vroman, 1983) を避けるため，日本語母語話者の比較のみを行う。英語母語話者を被験者に含んだのは，実験文およびタスクが母語話者の直観を反映することを確認するためであり，日本語母語話者の英語中間言語文法が母語話者の文法と同じかどうかをみるためではない。

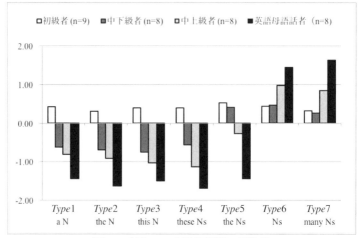

図4　実験2の容認性判断の平均値

　中上級者グループ内ではタイプ1 (*a* N)，2 (*the* N)，4 (*these* Ns) とタイプ6 (Ns)，7 (*many* Ns) の間，およびタイプ3 (*this* N) とタイプ6 (Ns) の間に有意差があった。ただし，タイプ5 (*the* Ns) については，値は-0.28でゼロに近く，他のどの文タイプとも有意差を示さなかった。ボンフェローニ法 ($p < .05$) による文タイプ間の多重比較の結果を下に示す。

表4　中上級者による実験2の平均値の文タイプ間の差　*: p<.05 ns:有意差なし

	完結性あり					完結性なし	
	タイプ1 *a* N	タイプ2 *the* N	タイプ3 *this* N	タイプ4 *these* Ns	タイプ5 *the* Ns	タイプ6 Ns	タイプ7 *many* Ns
1. a N	—	ns	ns	ns	ns	*	*
2. the N		—	ns	ns	ns	*	*
3. this N			—	ns	ns	*	ns
4. these Ns				—	ns	*	*
5. the Ns					—	ns	ns
6. Ns						—	ns
7. many Ns							—

4.2.6 仮説の検証

4.2.4 では FTFA に基づいて仮説 1 から 4 を，Kaku (2009) に基づいて仮説 5 を立てた。

<仮説 1 >日本語母語話者はタイプ 1 (*a* N) を不自然だと判断する。
<仮説 2 >日本語母語話者はタイプ 3 (*this* N), 4 (*these* Ns) を不自然だと判断する。
<仮説 3 >日本語母語話者のタイプ 2 (*the* N), 6 (*the* Ns) の判断はゼロに近くなる。
<仮説 4 >日本語母語話者はタイプ 6 (Ns), タイプ 7 (*many* Ns) を自然だと判断する。
<仮説 5 >日本語母語話者にとっては，タイプ 4 (*these* Ns) のほうがタイプ 3 (*this* N) よりも不自然だと判断するのが難しい。

初級者グループは，図 4 からも明らかなように，すべてのタイプに対して同じような平均値で，どの仮説も支持しなかった。したがって，FTFA の予想に反し，初級者の段階で母語が転移されている証拠はない。中下級者は，図 4 に示した値をみると中上級者に近いパターンを示しているが，文タイプ間には有意差がなかったことから，初級者と中上級者の中間だと考えられる。

中上級者のデータで仮説を検証していこう[24]。仮説 1, 2 は，タイプ 1 (*a* N), 3 (*this* N), 4 (*these* Ns) の平均値がいずれもマイナスであり，タイプ 6 (Ns), 7 (*many* Ns) と有意差があることから，データによって支持されたと言える[25]。仮説 3 については，タイプ 5 (*the* Ns) はどのタイプとも有意差がないことが，一見，仮説 3 を支持するように見えるが，図 4 に示された通り，このタイプとタイプ 2 (*the* N) の平均値の間には数値的な差がある。また，

---

[24] 仮説の設定段階では仮説 1 から 4 は，初期の文法知識に関する仮説であったので，FTFA の考え方のうち FT (Full Transfer)（すなわち，第二言語習得の開始時点での文法的知識は学習者の母語の文法知識であるという考え方）は，本来，中下級者，中上級者グループのデータを基に論じることはできない。この問題については 5 節で論じる。
[25] ただし *this* N と *many* Ns には有意差がなかった。この理由は不明である。

タイプ2 (*the* N) はタイプ1 (*a* N), 3 (*this* N), 4 (*these* Ns) との有意差がないことから, これらのタイプと同様, 容認されていないと考えるのが自然であり, 仮説3は支持されない。仮説4についてはタイプ6 (Ns), 7 (*many* Ns) と, 他のタイプとの間に有意差があることからデータによって支持されたと言えよう。最後に, 仮説5は, タイプ3 (*this* N) と4 (*these* Ns) に差がなかったことから, 支持されなかった。

以上の通り, 初級者グループのデータはいずれの仮説も支持せず, また, 中上級者のデータも仮説3, 5を支持しなかった。つまり, 実験2の結果は, FTFAとKaku (2009) のいずれの考え方を採用しても十分には説明できない。次節では, 得られたデータを基に, 日本語母語話者のもつ英語の中間言語とその発達を考える。

5. 考察

本節では, 日本語母語話者グループの中間言語文法において, 完結性の解釈がいかにして行われているか, 熟達度が上がるにつれて, なぜ, どう変化するかを考えよう。

まず, 日英語とも母語話者は, 実験1, 2の結果から, 2節での記述から予測された通り, 名詞句のタイプに応じて完結性を区別していた。次に, 日本語母語話者による英語に対する判断は, 初級者と中上級者では有意な差があり, 熟達度が上がるにつれて英語母語話者に近づく形で変化していた。さらに日本語母語話者の英語の解釈は, どのグループにおいても, 日本語の文法をそのまま反映したものではなかった。以下, 初級者から学習者グループ別に, その中間言語での名詞句構造を考えていく。

まず初級グループは全タイプで判断がゼロに近かったことから, 彼らの文法では, 名詞句の境界性は定められていないと考えられよう[26]。NumやDのもつ素性が名詞句の [+/−b] を決めることから, 初級者グループの文法では

---

26 論理的には, [+/− telic] は, 時制 [+past], 動詞のアスペクト, 目的語名詞句の [+/− b] の3つで決まるので前者2つが習得されていない (たとえば行為動詞が状態動詞と同じ語彙アスペクトをもつと解釈されている) という可能性もある。このような可能性は低いと思われるが, 実証的な証拠はない。今後の課題としたい。

名詞句には Num や D は含まれず, 名詞句構造は (27a) であると考えられる。これは日本語の裸形の名詞句 (14) と同じである。冠詞などが用いられた場合も, たとえば, (27b) のように Num や D は含まれない。ここで重要な点は, 初級グループの中間言語文法では *the* は完結性の計算に使われないということである。ここでは *the* がどのような特質をもつか（統語物に含まれているか, 含まれている場合どの位置にあるか）は論じない[27]。

(27) a. [_NP N]
  b. [_NP *(the) apples*]

 中下級グループも初級グループ同様, 文タイプ間の有意差はなかったものの, 図4に示された通り, タイプ7 (*many* Ns) 以外のすべてのタイプで, 数値的には初級グループと中上級グループの中間の値であり, 彼らの中間言語文法は初級グループより発達しているが, 中上級グループほどは発達していないと考えるのが自然であろう。
 中上級者グループでは, タイプ1 (*a* N), 2 (*the* N), 3 (*this* N), 4 (*these* Ns) は完結性があり, タイプ6 (Ns), 7 (*many* Ns) は完結性がないと判断しており, 中下級者も同様の傾向を示した。この段階では, Num や D は中間言語の名詞句構造に含まれ, [+/−b] の計算が行われていると考えられる。
 まずタイプ1 (*a* N) の目的語名詞句の構造を考えよう。FTFA などの考え方に則り, 一般的に中間言語においては, 学習者の母語で処理できるものは母語の知識で処理される (Tsimpli & Roussou, 1991) と考えると, 日本語には不定冠詞がないため, 英語の不定冠詞は日本語の「1個（の）」の位置にあると考えられる。その場合 *an apple* の統語構造は (28) のようになる。すなわち, 名詞句には D が含まれず, 全体で NumP の構造をもつ[28]。

---

27 以下, 紙幅の関係で樹状図ではなく, [ ] を用いた表記をする。
28 統率束縛理論 (Chomsky, 1981, 1986) の枠組みで行われた研究から, 主要部パラメータはごく初期の段階で目標言語に合うようにリセットされる (Vainikka & Young-Scholten, 1994 ほか) ことは明らかなので, このレベルの日本語母語話者のもつ英語の標準的語順 (canonical word order) に関する知識は母語話者と同じだと考えられる。ただし脚注10参照。

(28)　[NumP[+b] [Num *an*[singular]] [N *apple*]]

次に，指示詞を含むタイプ 3 (*this* N)，4 (*these* Ns) を考えよう（タイプ 2 (*the* N) は後述）。これらのタイプは，中下級者，中上級者共に数値がマイナス方向で完結性があると判断し，中上級者ではこれらのタイプとタイプ 6 (Ns)，7 (*many* Ns) の間に有意差があった。タイプ 3，4 では D[+def] と NumP が併合するときに，D[+def] によって名詞句全体が [+b] になるので，名詞句全体は DP である。一方，タイプ 6，7 は名詞句の境界性がそれぞれ Num と Q のもつ [−b] によって決まる。この場合も，日本語母語話者が日本語の知識に基づいて英語の名詞句を作っていると考えれば，タイプ 1 と同様，それぞれ NumP と（D を含まない）QP であると考えることができる。それぞれの名詞句の統語構造を (29) に示す。

(29) a.　タイプ 3，4：[DP[+b] [D[+def] *this/these*] [NumP…*apple/apples*]][29]
　　 b.　タイプ 6：[NumP[−b] [plural]… *apples*]
　　 c.　タイプ 7：[QP[−b] [Q[−def] *many*] [NumP[−b] [plural]…*apples*]]

　最後に，冠詞を含むタイプ 2 (*the* N) およびタイプ 5 (*the* Ns) について考えよう。中上級者ではタイプ 2 (*the* N) はタイプ 6 (Ns) と 7 (*many* Ns) との間に有意差があった。一方，タイプ 5 (*the* Ns) はゼロに近く，中上級者では他のどの文タイプとも有意差がなかった。冠詞 *the* が [+def] という点から，[+b] として計算に使われれば，タイプ 2 と 5 のデータに違いがないはずなので，この 2 つの違いは Num の違いによると考えるのが自然である。つまり，タイプ 2 に完結性があると判断されたのは，NumP[singular] の境界性 [+b] に起因し[30]，タイプ 5 に完結性がないと判断されたのは Num[plural] の境

29　DP の補部が NumP ではなく NP である可能性もある。脚注 30 参照。
30　*the* N タイプで用いられた動詞句は，*read the book*, *eat the banana*, *paint the wall*, *erase the star* であった。日本語母語話者が *the* N の Num [singular] を [+b] と解釈できるのはなぜか。2 節で見た通り，日本語の名詞 N の可算／不可算は英語とは異なるため，日本語からの転移ではない。したがって日本語母語話者は，*the* N タイプで用いられた N が [+countable] であることを，N の意味とインプット（不定冠詞や複数の *-s* との共起など）に基づいて学習

界性 [−b] に起因する[31]。こう考えると，中上級者のタイプ 2, 5 の名詞句構造と境界性 [+/−b] は (30a–b) になり，the は D として統語構造に組み込まれていないか，あるいは the のもつ [+def] が [+b] として解釈されていないことになる。さらに the が統語レベル以前の段階で処理されていない（つまり計算に入っていない）可能性もある（Clahsen & Felser, 2006）。

(30) a. (*the*) [$_{\text{NumP[+b]}}$ Num$_{\text{[singular]}}$ [$_\text{N}$ *apple*]]]
  b. (*the*) [$_{\text{NumP[−b]}}$ Num$_{\text{[plural]}}$ [$_\text{N}$ *apples*]]]

タイプ 4 では，*these* が NumP[−b] と併合して DP が [+b] と解釈されたにもかかわらず，タイプ 5 では *the* があっても，DP は NumP と同じ [−b] のままだと解釈されたのは母語の影響であろう。日本語には，英語の *these* に相当する「これら（の）」という指示詞があり，「これら（の）」は *these* と同じく名詞句全体を [+b] にする。中上級者グループは，正の転移によって *these* N*s* を「これら」が用いられた名詞句と同様 [+b] だと判断したと考えるのが自然である。一方，日本語には英語の *the* に相当する語彙は存在しないので，日本語母語話者は母語に頼ることができず，英語のインプットに基づいて，*the* に基づく境界性の解釈を習得しなければならないが，学習者はこれに成功していない。言い換えれば，英語母語話者の文法では [+def] は定冠詞 *the* によって与えられ，[+b] の解釈に用いられるが，日本語話者（中上級者グループ）の文法では [+def] は [+demonstrative] から切り離されず，結果として，[+b]（を計算するための [+def]）が定冠詞 *the* に与えられないのだろう。そのため指示詞のある名詞句は [+b] となるが，定冠詞 *the* のある名詞句では定冠詞は [+/−b] の計算には用いられていない[32]。

したと考えられる。この考え方が正しければ，目的語名詞句の [+b] は N の [+countable] に起因するので，中上級者の文法における *the* N の構造に NumP が含まれるかどうかは不明である。この可能性については，今後の課題としたい。
31　ただし，脚注 30 参照。
32　こう考えると，複数形を表す *-s* に当たる形態素が日本語にないことから，[plural] の習得も同様に困難だと予測できる。N*s* や *many* N*s* の場合，Num とは関係なく完結性解釈が計算されているかもしれない。その場合，名詞句は NumP ではなく，NP となっている可能性があるが，この可能性については，今後の課題とする。脚注 30 参照。

ここまで日本語母語話者の英語の文法知識について考えてきた。実験 2 は熟達度によって学習者グループを分けた**横断的研究**（**cross-sectional study**）であるため，初級者の文法知識が発達して中下級者の知識に，さらに，中上級者の知識になるとは限らないが，通常仮定されるように，熟達度の伸長が習得の発達を反映するとすれば，日本語母語話者の文法知識はどのように変化していくのだろうか。

(27) から (30) でみたように，初級者，中下級者，中上級者の名詞句構造は (31) のように表わされる。

(31) a.   [$_{NP}$ N] （初級者 = 27a 参照）
 b.   [$_{NumP}$ Num [$_{NP}$ N]]（中下級者，中上級者 = 28, 29b, 30 参照）
 c. [$_{DP}$ D [$_{NumP}$ Num [$_{NP}$ N]]]（中下級者，中上級者 = 29a 参照）
 d. [$_{QP}$ Q [$_{NumP}$ Num [$_{NP}$ N]]]（中下級者，中上級者 = 29c 参照）

ここに示されたように，初期段階の文法では完結性の解釈に使われる行為動詞の目的語には，Num や D が組み込まれておらず (31a) のような統語物しか派生されないが，ある程度熟達度が上がった段階（実験 2 では中上級者レベル）で [+/−b] の解釈に使われる語彙を取り込んだ，より複雑な統語物 (31b–d) が構築できるようになる。

さらに実験 2 の中上級学習者は，定冠詞が用いられた名詞句よりも指示詞が用いられた名詞句を正しく解釈した。この違いは何に起因するのだろうか。学習者の母語である日本語には，指示詞は存在するが冠詞は存在しない。上述の通り，初期段階では (31a) のように D のない統語物しか派生できないため母語の指示詞を転移して完結性の解釈を行うことができないが，習得が進み，指示詞を用いることで D が組み込まれるようになった時点で，ようやく学習者は母語の知識を使うことができるようになり，その結果，母語の知識を第二言語に当てはめて完結性の解釈を行うようになったと考えるのが自然であろう。つまり母語の知識はある程度の熟達度に達してはじめて

また，ある素性がどの語彙として現れるかという組み立て（assembly）が母語と第二言語で異なる場合，その素性習得が困難になるという考え方は，**素性再配置仮説**（Feature Reassembly Hypothesis, Lardiere, 2008）で提案されている。

転移できると考えられる。一方，母語に相当する語彙がない定冠詞 *the* については，新たに習得することが困難であり，中上級者でもそれが境界性の計算には使われていないことが明らかになった。日本語母語話者がこの語彙 *the*（つまり，素性 [+def] が [+demonstrative] から切り離された形で素性として存在し，かつ単独で語彙に付与されること）が習得可能であるかどうかは，今後の研究の課題である[33]。

6. さらなる考察[34]

本節では5節で論じられた境界性（および完結性）に関する中間言語の発達に基づいて，第二言語習得の文法発達についてより一般化を図り，FTFAとは異なる仮説，すなわち**語彙学習語彙転移仮説**（Lexical Learning Lexical Transfer Hypothesis, LLLT, Wakabayashi, 1997, 2002）を検証したい。

まず，FTFAとLLLTの共通点と相違点について確認しておきたい。FTFAとLLLTのいずれも，第二言語習得において，文法知識は他の知識から独立したモジュールを形成し，統語物の派生では人間言語特有の操作（併合など）が行われると仮定している。この点ではこの2つの仮説は同じである[35]。FTFAとLLLTの違いの1つは，第二言語習得における習得初期の知識と母語の影響に関する仮定である。FTFAは，第二言語習得開始の時点で母語の文法知識のすべてが転移され，それを基盤にして第二言語習得が起こると仮定している。すなわち，FTFAによると第二言語習得の初期文法は，学習者の母語の文法知識そのものである。一方，LLLTでは，第二言語習得の

---

[33] 仮に習得が不可能であるとすれば，母語にない素性は，解釈可能な素性（interpretable）であっても習得されないことになる。[+/-b] や完結性は談話情報から補填できることや，命題解釈上必要がない場合があることを考慮しておかなければならないが，これが正しいとすれば，FTFA の Full Access についての再考が必要となるかもしれない。第二言語習得と母語習得の根本的な違いにつながる興味深い問題である。
[34] 本節ではテクニカルな用語や概念を用いざるをえなかった。また，紙幅の関係で，記述がやや不正確になった部分もある。FTFA と LLLT のより正確な記述については引用元を参照していただきたい。普遍文法と第二言語習得の関係，および FTFA については，Slabakova (2016) も参照していただきたい。
[35] 第二言語習得における学習者の文法知識において，普遍文法の操作が働くと仮定される実証的証拠については，Wakabayashi (2011) などを参照していただきたい。

初期文法で作られる統語物は，原理的には，V や N などの**語彙範疇**（**Lexical Category**）に属する語彙によって構成され，初期文法では D, Num などの**機能範疇**（**Functional Category**）に属する語彙（より正確には語彙項目（Lexical Item）。脚注 7 参照）を統語物に取り入れることができないと仮定されている。

　第二言語習得の発達は，FTFA では全接近（Full Access）という名称からも明らかなように普遍文法によって与えられる「可能性」をフルに活用して，学習者が，自分のもっている中間言語と L2 の観察可能なデータ（**一次的言語資料**（**Primary Linguistic Data, PLD**））（の処理に必要な統語知識）とのギャップを埋めるために，その時点での中間言語の規則に（普遍文法で許される範囲での）新たな規則を加えていくことによって行われる。一方，LLLT では，言語発達が中間言語と PLD（に必要な統語知識）とのギャップを埋めるために行われるという点では FTFA と同じだが，その規則の習得は，ミニマリストプログラムで仮定されているように語彙[36]の習得という形で行われる[37]。また，その際，母語に該当する（と言語学習者が考える）語彙があれば，その語彙が転移される。つまり，LLLT では FTFA よりも母語の役割はより限定的で，L2 の PLD が母語の転移を起こす要因を含む場合にのみ起こり，しかも，発達の途中で母語の語彙[38]の転移として起こると仮定され，機能範疇に含まれる語彙については，機能範疇が統語物と併合される段階になってから語彙学習（Lexical Learning）あるいは語彙転移（Lexical Transfer）が起こるとされている。

　以上述べた FAFT と LLLT の共通点と相違点は，下の表のようにまとめる

36　ここでいう語彙とは，いわゆる「単語」に限られるわけではなく，素性あるいは素性の束の場合もある。脚注 7 および Wakabayashi（1997）参照。
37　第二言語習得で新たに学習される語彙は，生得的に与えられた語彙リストの中に含まれる「自然言語の語彙」である。したがって，言語習得仮説／モデルの名称としては，Lexical Learning というよりは Lexical Acquisition としたほうがより正確かもしれないが，ここでの記述の通り，その習得は PLD に基づくと仮定されているため，Learning という用語が用いられている。
38　さらに，LLLT では，語彙が心的辞書に記憶された場合でも，実際の派生においてその語彙が使えるようになるには時間がかかるとしている。ミニマリストプログラム（Chomsky, 1995）での派生の仕組みに則って，これを列挙（Numeration）における問題としてモデル化している。詳しくは Wakabayashi（2009）参照。

ことができる。

表5　FTFA と LLLT の相違点

	第二言語習得の初期文法知識	母語の影響の出現時期と範囲	発達[39]
全転移全接近仮説（FTFA）	学習者の母語の全文法知識	初期段階から，あらゆる面に現れる	普遍文法で許される規則を中間言語に加える
語彙学習語彙転移仮説（LLLT）	語彙範疇および併合などの生得的な文法操作	発達の途中で，PLDに誘引された場合にのみ現れる	語彙学習，語彙転移によって行われる

　本稿の5節では，日本語母語話者の英語中間言語における名詞句は，初期段階では (31a) のように N しかない統語物しか派生されないが，習得が進むにつれて (31b–d) のような Num や D が併合された統語物を派生されるようになることが示されている。LLLT では，初期段階の統語物に機能範疇が含まれていないと仮定することで，これを説明している。また，指示詞 *this* や *these* が含まれた名詞句の解釈においては，母語の日本語にもこれらの指示詞に相当する語があり，それが用いられた日本語の文では，完結性について英語と同様の解釈が行われるにもかかわらず，初期段階の学習者はそのような解釈ができないこと，つまり母語の知識の中には初期段階では使用できないものがあること，言い換えれば，正の転移は文法知識がある程度発達した段階で初めて起こるという，LLLT を支持するデータが本稿の4節で示された。これらの実証的データは，FTFA よりも LLLT のほうがより説明力があることを意味している。

　さらに興味深いことに，*the* が含まれる名詞句の完結性の計算は，中上級者になっても習得できておらず，5節では，この原因は，日本語に *the* に相

39　FTFA はミニマリストプログラム以前の原理とパラメータのアプローチ（Chomsky, 1986）に基づく仮説であるため，ここでいう「規則の習得」はミニマリストプログラムの枠組みでは「語彙の習得」と言い換えることができる場合が多いが，それだけに限定されるものではない．例えば Baker (2015) は，統語物における構成素の位置関係で格が付与されることを提案しており，これを「規則」と考えると，このような規則の習得は「語彙の習得」とは言い換えることはできないと考えられる．

当する語彙（[+def] のみでできている語彙）が存在せず，そのため新たに [+def] のみの素性からなる *the* を習得しなければならないことにあると論じた。この考察が正しいかどうか，また，学習可能性の視点からこれがどのように説明されるかは，the のもつ [+def] を [+b] の計算に組み込む計算が習得可能かどうかを含め，今後の課題としたい[40]。

7. 結論

　本稿では，完結性の解釈を基に，日本語母語話者の英語に関する知識とその発達をみた。実験の結果から，日本語母語話者は，熟達度の低い段階ではD や Num を用いて完結性の解釈を行うことができず，ある程度の熟達度に達した学習者になって初めて，母語の数詞や指示詞などの知識を用いて D, Num などを含む名詞句を構築して完結性の解釈ができるようになると考えられる。また，定冠詞 *the* を用いた完結性の計算は，学習者の母語に the に相当する語彙がないために難しいという説明を提案した。本研究のデータは，FTFA で提案されている，第二言語習得の初期段階で母語の文法知識がすべて転移されるという考え方には問題があることを示している。一方で，LLLT で提案されているように，第二言語習得の初期の文法は学習者の母語の文法すべてではなく，母語の転移は限られており，ある種の語彙の転移は，第二言語文法の発達途中で起こると考えたほうが説得力があることを示した。LLLT がすべての形態統語の習得に当てはまるかどうかは，理論的・実証的な課題であり，学習者の文法知識やその発達をどれほど正確に記述・説明できるかについては，今後の課題としたい。

本研究は Kimura (2014), Kimura & Wakabayashi (2017) を発展させたものである。また，本研究の成果の一部は，日本第二言語習得学会 2013 年度年次大会（J-SLA2013），シンガポール南洋工科大学での International Symposium on Bilingualism 9 (ISB 9)，関西学院大学 2016 年度第二回言語コミュニケーション・フォーラムにおいて発表した。参加者から，有益な質問・コメントを頂いた。また執筆にあたり，穂苅友洋氏，秋本隆之氏には貴重なコメント・助言を頂いた。ここで感謝の意を表したい。本稿における不備はすべて著者に帰すものである。本研究の一部は科研費 26370707（研究代表者：若林茂則）に基づいた研究である。

40　冠詞の習得については多くの研究がなされている。Snape & Kupisch (2016) など参照。

参考文献

Abels, K. (2003). *Successive cyclicity, anti-locality, and adposition stranding.* (Unpublished doctoral dissertation). University of Connecticut, Storrs.

Baker, M. C. (2015). *Case: Its principles and its parameters.* Cambridge: Cambridge University Press.

Bley-Vroman, R. (1983). The comparative fallacy in interlanguage studies: The case of systematicity. *Language Learning, 33,* 1–17.

Bošković, Ž. (1994). D-Structure, Theta Criterion, and movement into theta positions. *Linguistic Analysis, 24,* 247–286.

Chierchia, G. (1998). Reference to kinds across languages. *Natural Language Semantics, 6,* 339–405.

Chomsky, N. (1981). *Lectures on government and binding: The Pisa lectures.* Dordrecht: Foris.

Chomsky, N. (1986). *Knowledge of language: Its nature, origin and use.* New York: Praeger.

Chomsky, N. (1995). *The minimalist program.* Cambridge, MA: MIT Press.

Clahsen, H., & Felser, C. (2006). Grammatical processing in first and second language learners. *Applied Psycholinguistics, 27,* 3–42.

Déprez, V. (2005). Morphological number, semantic number and bare nouns. *Lingua, 115,* 857–883.

Halle, M., & Marantz, A. (1993). Distributed morphology and the pieces of inflection. In K. Hale & S. J. Keyser (Eds.), *The view from building 20* (pp. 111–176). Cambridge, MA: MIT Press.

原口庄輔・中村捷・金子義明. (編). (2017).『増補版チョムスキー理論辞典』. 東京：研究社.

Hawkins, J. A. (1978). *Definiteness and indefiniteness: A study in reference and grammaticality prediction.* London: Croom Helm.

Hawkins, J. A. (1991). On (in)definite articles: Implicatures and (un)grammaticality prediction. *Journal of Linguistics, 27,* 405–442.

Jackendoff, R. (1991). Parts and boundaries. *Cognition, 41,* 9–45.

Jackendoff, R. (1996). The proper treatment of measuring out, telicity, and perhaps even quantification in English. *Natural Language & Linguistic Theory, 14,* 305–354.

影山太郎. (編). (2001).『日英対照　動詞の意味と構文』. 東京：大修館書店.

Kaku, K. (2009). *Acquisition of telicity in L2: A psycholinguistic study of Japanese learners of English* (Unpublished doctoral dissertation). University of Ottawa, Ottawa, Canada.

Kimura, T. (2014). *The development of noun phrase structure* (Unpublished Bachelor's thesis). Chuo University, Tokyo.

Kimura, T., & Wakabayashi, S. (2017). *The acquisition of telicity by Japanese learners of*

English. Poster session presented at The First International Conference on Theoretical East Asian Psycholinguistics (ICTEAP-1), Chinese University of Hong Kong, Hong Kong.

Lardiere, D. (2008). Feature assembly in second language acquisition. In J. M. Liceras, H. Zobl, & H. Goodluck (Eds.), *The role of formal features in second language acquisition* (pp. 106–140). London/New York: Lawrence Erlbaum Associates.

Pollack, I., & Norman, D. A. (1964). A non-parametric analysis of recognition experiments. *Psychonomic Science*, *1*, 125–126.

Quine, W. V. O. (1960). *Word and object*. Cambridge, MA: MIT Press.

Radford, A. (2016). *Analysing English sentences* (2nd ed.). Cambridge: Cambridge University Press.

Schwartz, B. D., & Sprouse, R. (1994). Word order and nominative Case in non-native language acquisition: A longitudinal study of (L1 Turkish) German interlanguage. In T. Hoekstra & B. D. Schwartz (Eds.), *Language acquisition studies in generative grammar: Papers in honor of Kenneth Wexler from the 1991 GLOW workshops* (pp. 317–368). Amsterdam: John Benjamins.

Slabakova, R. (2001). *Telicity in the second language*. Amsterdam: John Benjamins.

Slabakova, R. (2005). What is so difficult about telicity marking in L2 Russian? *Bilingualism: Language and Cognition*, *8*, 63–77.

Slabakova, R. (2016). *Second language acquisition.* Oxford: Oxford University Press.

Snape, N., & Kupisch, T. (2016). *Second language acquisition: Second language systems*. London: Palgrave.

Soh, H.-L., & Kuo, Y.-C. (2005). Perfective aspect and accomplishment situation in Mandarin Chinese. In H. J. Verkuyl, H. De Swart, & A. Van Hout (Eds.), *Perspectives on aspect* (pp. 199–216). Dordrecht: Springer.

Trenkic, D. (2009). Accounting for patterns of article omissions and substitutions in second language production. In G. Mayo & R. Hawkins (Eds.), *Second language acquisition of articles: Empirical findings and theoretical implications* (pp. 115–143). Amsterdam: John Benjamins.

Tsimpli, I.-M., & Roussou, A. (1991). Parameter-resetting in L2. In H. Van de Koot (Ed.), *UCL Working Papers in Linguistics 3* (pp. 149–170). London: University College London.

University of Cambridge Local Examinations Syndicate. (2001). *Quick placement test.* Oxford: Oxford University Press.

Vainikka, A., & Young-Scholten, M. (1994). Direct access to X′-theory: Evidence from Korean and Turkish adults learning German. In T. Hoekstra & B. D. Schwartz (Eds.), *Language acquisition studies in generative grammar: Papers in honor of Kenneth Wexler from 1991 GLOW workshops* (pp. 265–316). Amsterdam: John Benjamins.

Verkuyl, H. (1993). *A theory of aspectuality*. Cambridge: Cambridge University Press.
Wakabayashi, S. (1997). *The acquisition of functional categories by learners of English* (Unpublished doctoral dissertation). University of Cambridge, Cambridge.
Wakabayashi, S. (2002). The acquisition of nonnull subjects in English: A minimalist account. *Second Language Research*, *18*, 28–71.
Wakabayashi, S. (2009). Lexical learning in second language acquisition: Optionality in the numeration. *Second Language Research*, *25*, 335–341.
Wakabayashi, S. (2011). Generative grammar. In J. Simpson (Ed.), *The Routledge handbook of applied linguistics* (pp. 638–653). New York: Routledge.
Watanabe, A. (2006). Functional projections of nominals in Japanese: Syntax of classifiers. *Natural Language & Linguistic Theory*, *24*, 241–306.
Watanabe, A. (2010). Notes on nominal ellipsis and the nature of *no* and classifiers in Japanese. *Journal of East Asian Linguistics*, *19*, 61–74.
Yin, B., & Kaiser, E. (2011). Chinese speakers' acquisition of telicity in English. In G. Granena, J. Koeth, S. Lee-Ellis, A. Lukyanchenko, G. P. Botana, & E. Rhoades (Eds.), *Selected Proceedings of the 2010 Second Language Research Forum: Reconsidering SLA research, dimensions, and directions* (pp. 182–198). Somerville, MA: Cascadilla Proceedings Project.
吉田光演. (2005).「日本語の助数詞と数範疇の考察」.『広島大学総合科学部.V, 言語文化研究』, *31*, 127–158.

編 者
白畑知彦(しらはた ともひこ)
　静岡大学教授

須田孝司(すだ こうじ)
　静岡県立大学准教授

著 者
稲垣俊史(いながき しゅんじ) 第1章
　同志社大学教授

穂苅友洋(ほかり ともひろ) 第4章
　跡見学園女子大学専任講師

梅田真理(うめだ まり) 第2章
　群馬県立女子大学准教授

田村知子(たむら ともこ) 第5章
　静岡大学大学院生

宮本エジソン正(みやもと えじそん ただし)
　はこだて未来大学教授　　第3章

白畑知彦(しらはた ともひこ) 第5章
　静岡大学教授

吉田絢奈(よしだ じゅんな) 第3章
　筑波大学大学院生

若林茂則(わかばやし しげのり) 第6章
　中央大学教授

木村崇是(きむら たかゆき) 第6章
　中央大学大学院生

第二言語習得研究モノグラフシリーズ2

語彙・形態素習得への新展開

NDC807／vii+201p／21cm

初版第1刷ーーーー2018年 8月15日

編 者ーーーーー白畑知彦　須田孝司

著 者ーーーーー稲垣俊史　梅田真理　宮本エジソン正　吉田絢奈
　　　　　　　穂苅友洋　田村知子　白畑知彦　若林茂則　木村崇是

発行人ーーーーー岡野 秀夫

発行所ーーーーー株式会社 くろしお出版
　　　　　　　〒102-0084　東京都千代田区二番町4－3
　　　　　　　tel 03-6261-2867　fax 03-6261-2879　www.9640.jp

印刷・製本　三秀舎　装 丁　黒岩二三(Fomalhaut)

©Tomohiko Shirahata and Kouji Suda 2018
Printed in Japan

ISBN978-4-87424-772-3 C3081

乱丁・落丁はお取りかえいたします。本書の無断転載・複製を禁じます。